イラストでわかる

自己肯定感を
のばす
育て方

監修 **諸富祥彦**　イラスト **モチコ**

🄹 池田書店

子育ての目標

時代で変わったのは、親の見方

　ここ数年で子どもの自己肯定感について取り上げられるようになってきました。でも、この間に子ども自身の特徴が大きく変わったわけではありません。

　SNSの普及によって、親御さんが自分自身の自己肯定感について敏感になってきています。

　大人向けの書籍で「自己肯定感」という言葉が流行ってきたこともあり、子育てでもよく耳にするようになりました。

　親御さんが自身の自己肯定感を気にしはじめるようになって、子育てや子どもに対する見方が変わってきたのが大きいのです。

心の問題の根っこは変わらない

　いまは「HSP（Highly Sensitive Person）＝とても敏感な人」という言葉も耳にするようになってきています。これももとは大人向けのものでした。

　敏感な子（HSP）は他人の目が気になりやすく、他人から言われたことを気にしてしまいがちです。そのために「どうせわたし（ぼく）は」と感じやすく、結果的に自己肯定感が低くなってしまうのです。

　そのほかに以前から注目されていたものとして、「AC（アダルトチルドレン）」や「愛着障害」といった言葉があります。

時代とともに、心の問題にはいろいろな名前がつけられていますが、根っこはひとつです。

親自身がダメな自分も受け入れる

　子育ての目標のひとつは、子ども
が自分で「なんとかやっていけそう
だ」と思える大人になること。ここ
を目標に、長い目で見ていきましょ
う。ときには、つい厳しくしすぎて
子どもを精神的に追い込んでしまい
後悔にさいなまれることもあるでし
ょう。

　本当に必要なほんものの自己肯定
感とは、「自己受容」です。どんな親
御さんでも「どうしてあなたはダメ
なの！」と言ってしまったり、声を
荒らげて怒ってしまうことはあるも

の…。それでも「親をやめていない
だけでOK」「まあいいか」と思えれば
それでいいのです。

　「生きてるだけで丸儲け」という言
葉があるように、「親であるだけで丸
儲け」なのです。

　子どもが「わたし（ぼく）には無理」
と言っているときも、「もっと自己肯
定感を持ちなさい」と言わず、「まあ
いいか」「この子はそういう性格なの
かもしれない」と思えること。これ
が本当の自己肯定感なのです。

子育ての基本を押さえる

　子育てに完璧はありません。ただ、
「これだけは大切にしてほしい」と
いう基本さえ守っていれば、たいて
いのことは取り返しがききます。

　子育ては長丁場です。とても難し
い「子育て」という仕事をひとりで
行うのは、自動車の仮免許で公道を

走っているようなもの。

　悩んだときには、本を読んだり、
ときにはプロに相談をすることもお
すすめです。

　本書には子育ての「基本」が詰ま
っています。困ったときにはいつで
も、基本を読み返してみてください。

1 ほんものの自己肯定感とは？

2 子どもの自己肯定感アップ術

③ 自己肯定感アップの声かけ

4 パパママの自己肯定感アップ術

5 自己肯定感がアップする環境

付録

自分の自己肯定感どのくらい？
チェックシート

自己肯定感チェックシート 大人編

あなた自身のふだんの様子を思い返しながら、
当てはまるものにチェックをしてみましょう。

- [ ] 自分の決めたとおりにやらないと落ち着かない

- [ ] ふとしたときに「わたしなんかダメだ」と思ってしまう

- [ ] 子どもが何か問題を起こしたときに
  「自分のせいで」「わたしの子育てが悪いのかも…」
  と思ってしまう

- [ ] 職場でまわりの人からどう思われているのかが気になる

- [ ] 「こうしなければいけない」という自分へのルールが多い

- [ ] SNSで「いいね」があるとすごくうれしい

- [ ] 「どうせわたしは…」が口グセになっている

- [ ] 新しいことにチャレンジできない

- [ ] 「わたしはダメな親だ」と思うことがある

チェックはいくつ、つきましたか？
黒い四角はマイナス、黄色い四角はプラスで計算しましょう。

黒い四角

黄色い四角

合計

わたしは親としての自分はいまのままでいいと思っている

☐ 子どもの悪いところを見て「自分に似ている」と
思ってしまう

子どもといるときの自分はいまのままでよいと思う

子どもといると「しあわせだな」と思える

☐ 自分の親から言われたことが気になる

☐ 自分の子育てが、自分の親からどう思われるかが気になる

☐ 人から注意されると、それをいつまでも引きずってしまう

失敗したと思っても、
時間が経つと「まあいいや」と思える

「わたしにはわたしの子育てがある」と思えている

わが子の自己肯定感どのくらい？
チェックシート

自己肯定感チェックシート 子ども編

あなたから見た子どもの様子をもとに
チェックしてみましょう。

☐ 子どもが何かチャレンジしなければいけないときに、
「わたし（ぼく）には無理」と言うことがある

「わたし（ぼく）はできる」と言っている

☐ 子どもが「わたし（ぼく）なんて」と言うことがある

☐ 物事を決めるときに、
なかなか決められないことがある
（パンやおかしが選べないなど）

新しい習い事をするときに、ためらいなく入っていける

ともだちとすぐになじめる

☐ ほかの子と一緒にいると、なかなか自分を出せない

チェックはいくつ、つきましたか？
黒い四角はマイナス、黄色い四角はプラスで計算しましょう。

黒い四角

黄色い四角

合計

☐ ほかの子からどう見られているかを
　気にしているふしがある

☐ 先生から注意されると、なかなか立ち直れない

☐ いったん落ち込むと、回復するまでに時間がかかる

☐ 「わたし（ぼく）はダメだから…」と言うことがある

☐ 泣きはじめると、なかなかとまらない

☐ 「ママはわたしのことなんか嫌いなんだ」
　と言うことがある

　「ママのこと好き」「パパのこと好き」と言ってくれる

合計した数はいくつですか？

黒い四角は自己否定の感情、黄色い四角は自己肯定の感情を表しています。

自己否定の設問が13個、自己肯定の設問が5個あります。自己否定の設問に5つチェックがついたらマイナス5、自己肯定の設問に2つチェックがついたらプラス2、合計すると「－5＋2＝－3」となります。

合計が0点以上なら自己肯定感が高いと言えます。－8点以下なら自己否定感が強い可能性があるので気をつけましょう。

ここで大切なのは、マイナスだからダメだ〜と思うのではなく、どの自己否定の項目のチェックを外したいかを考えることです。あるいはどの自己肯定の項目にチェックをつけられたらいいかを考えてみましょう。

＋5

0

-13

めざせ
自己肯定感
UP!

どれかひとつ、自分を変えてみようと思う項目を見つけてトライしてみましょう。

合計した数はいくつですか?

大人編と同じく、黒い四角は自己否定の感情、黄色い四角は自己肯定の感情を表しています。

自己否定の設問が10個、自己肯定の設問が4個あります。集計の方法も大人編と同じく、自己否定の設問にチェックがついたらマイナス、自己肯定の設問にチェックがついたらプラスとカウントし、合計します。

合計が0点以上なら自己肯定感が高いと言えます。−5点以下なら自己否定感が強い可能性があるので気をつけましょう。

子どもの自己肯定感が低めの場合は、親としてどのように子どもに関わっていくといいか、考え直してみましょう。

自己肯定感が低めでも、まず、それを認めてあげましょう。

子どもの自己肯定感を育むことば

親が子どもに接するときの**自己肯定感を育むことば**

大好き

○○ちゃん（くん）は○○ちゃんでいいんだよ

○○ちゃんのことが大切

○○ちゃんは、ママの世界一だよ

きっとできるよ

大丈夫

きっとなんとかなるよ

○○ちゃんはいいところがたくさんあるね

自己否定感をつくることば

どうせまた、○○でしょ

あなたが悪いんでしょ

なんでそんな弱虫なの？

もっと強くなりなさい

どうして我慢できないの？

○○くんはいいけど、△△はダメだな

○○ちゃんは（○○くんは）できるのに、
なんであなたはできないの

子育てにはプロの手も借りる

アメリカではプロの手を借りるのが一般的

　いい子育てをしたいなら、お金がかかっても、プロの手を借りることはとてもいい選択です。情報を調べて、いいサービスを子どもに受けさせてあげましょう。親御さんがつらくなったときには、カウンセリングを受ける方法もあります。アメリカでは、いろいろなプロの手を借りて子どもに子育てサービスを受けさせるのが一般的です。親子が笑顔でしあわせに暮らしていたとしても、「何か無理をさせていないかな？」と問題が起きる前にプロのカウンセラーに相談することもよくあります。子育ては、簡単なものではありません。日本ではまだ、「問題がある家庭がプロに相談する」「悩みがあるからカウンセリングを受ける」というイメージを抱かれがちです。アメリカのように、ちょっと不安に感じたときに、気軽にプロに相談してほしいものです。

外部の相談場所を持っておこう

　保育園や幼稚園の先生に相談できる場合は、もちろん先生たちに相談するのもいいでしょう。ところが、保育園・幼稚園には、小学校のようにカウンセラーが常駐していません。まだ1990年代の小学校のような状態なのです。保育カウンセラーやパラ・ピアカウンセラーといった保育者が保護者の悩みのカウンセリングをする際に有効な資格もありますが、まだ持っている先生は少ないのが現状です。ですから、外部のプロに頼る選択肢も持っておいたほうがいいでしょう。

ほんものの

とは？

自
己
肯
定
感

子どもの成長のステップ

成長に合わせて愛情表現を変える

　小学校に入るくらいまでは、子どもにたっぷりと愛情を注ぎましょう。「早いうちからしつけをしよう」と厳しく叱っていると、子どもは「自分はダメなんだ」と思い、自己肯定感を下げてしまいかねません。

　子どもを溺愛してOKです。成長に合わせてゆっくりシフトチェンジをしていきましょう。親がうまく子育てのシフトチェンジをしていくことが、子どもが自分の成長課題に取り組める鍵になります。

01
ラブラブ期

(0〜6歳頃)
(保育園・幼稚園まで)

　ラブラブ期は、心の土台をつくるとても重要な時期です。
このときに、親御さんから「〇〇ちゃん大好き」と愛情をたくさん注いでもらった子どもは、心に安定感が生まれ、「わたしは大丈夫」という自信＝自己肯定感を持てるようになります。
　「自己肯定感」は、親が子どもに贈ることができる最大のプレゼント。人間は、この自己肯定感を持つことで、心が満たされ、しあわせに生きることができるようになるものなのです。

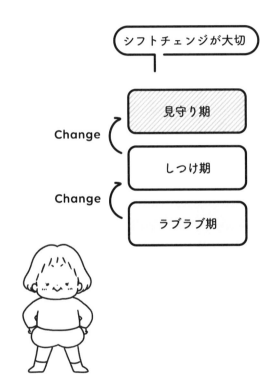

シフトチェンジが大切

見守り期

Change

しつけ期

Change

ラブラブ期

138ページにシフトチェンジについてのコラムがあります。

02

しつけ期

(6〜10歳頃)
(小学校入学から中学年まで)

　しつけ期で重要なのは、厳しすぎないようにすることです。

　子どもは小学校への入学やクラス替えなどを通じて、自分を抑え、社会のルールに合わせる術を学んでいきます。

　でも、この時期はどんなにしっかりした子でも、まだまだ親に甘えたい年齢です。しつけで叱ってばかりにならないように、ラブラブ期のときと変わらず、たっぷり愛情を注いであげましょう。

03

見守り期

(10〜18歳頃)
(小学校高学年から
大学入学くらいまで)

　見守り期は、子どもが「自分づくり」の課題に取り組むのを見守る時期です。
思春期に入ると、子どもは「自分の考え」を持つようになっていきます。同時に、親に反発することも多くなるでしょう。

　この時期の子どもは、多くの悩みを抱えています。「何があっても大丈夫!」という心構えで、少し距離をとって行動を見守ってください。

　そして、子どもがSOSを出してきたときには、心を込めて話を聞いてあげましょう。

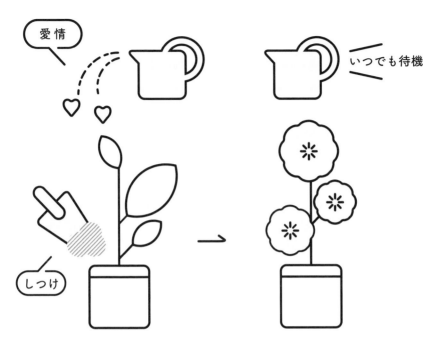

01 ラブラブ期（乳児期）
・めいっぱい愛情を注ぐことが一番大切な時期

02 しつけ期（児童期）
・子どもの社会性を育て、しつけを行うのが大事な時期

03 見守り期（思春期）
・親は一歩離れて、
　子どもが「自分づくり」の課題に取り組むのを見守る時期

まとめ どのステージのときでも、変わらず一貫して
愛情を注いであげることが大切です。

ほんものの自己肯定感とは

ほんものの自己肯定感

　一般的によく言われる自己肯定感は、「自分は自分のことが好きだ」という気持ちのことを指しています。これは自尊感情、つまり「素晴らしい自分になろう」という気持ちも含まれている、表面的で「浅い自己肯定感」です。

　でも、「わたしには価値がない」「わたしは立派な親だと思えない」と思うこともあるでしょう。そのときに「それでもいいんだ」と思える自己受容こそが、ほんものの自己肯定感です。この自己受容は、より根源的な「深い自己肯定感」につながっています。

自己肯定感をめぐって起きている矛盾

　自己肯定感のある子に育てたいのに、「なんで自己肯定感を持てないの!?」と叱って、子どもの自己肯定感を大きく下げてしまう親もいます。

　これは大きな矛盾です。

　そうならないためにも、浅い自己肯定感だけにこだわらないようにしましょう。

　何かつらいことや自分じゃダメだと思うことがあっても「なんとかやっていこう」と思えることが、人間が生きていくうえでもっとも大切な、ほんものの自己肯定感なのです。

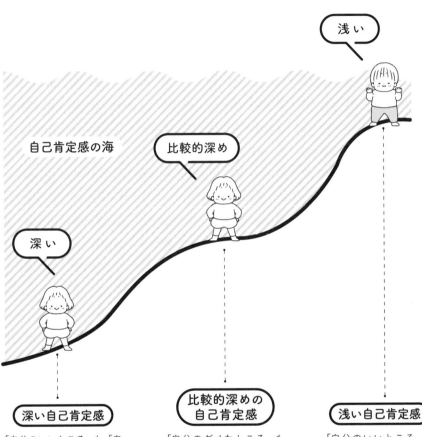

浅い

自己肯定感の海

比較的深め

深い

深い自己肯定感

「自分のいいところ」も「自分のダメなところ」も大切な自分の一部としてあるがままにとらえることができる。善悪という視点から離れて、自分をそのまま受け入れる

比較的深めの自己肯定感

「自分のダメなところ」も「個性」ととらえることができる

浅い自己肯定感

「自分のいいところ」を見ることができる

01
浅い自己肯定感

わたしにはいいところがある

わたしは自分のことが好きだ

浅い

子どものいいところを探したり、がんばりを見つけたりして育てることができるのは、浅い自己肯定感です。

これには「人に認められる自分にならなければ」という気持ちや、条件つきの承認も含まれています。

02
比較的深めの自己肯定感

ダメだと思っていたところも、自分の持ち味

本音を安心して言い合える

比較的深め

これは、視点の転換で生じる自己肯定感です。自分ではダメなところ、欠点だと思っていたところも、違った視点から見るといいところになる、と気づくのです。

03
深い自己肯定感

生きているだけで素晴らしい

何があっても大丈夫

善悪関係なく、ただあるがままに自分を受け入れられる。ダメなことがあっても、「大丈夫」と思える。この自己受容こそが、ほんものの自己肯定感です。

ほんものの自己肯定感は、「生まれてきてくれてありがとう」「何があっても大丈夫だよ」と無条件の愛を与えることで育まれます。

深い

まとめ 何かつらいことがあっても、「それでもなんとかやっていこう」と思えることが、生きていくうえで一番重要なこと。「わたしはダメだ」と思ったとき、善悪関係なく、「それでもいいんだ」と自己受容できることこそが、ほんものの自己肯定感なのです。

自尊感情とは

「自己肯定感」にはいろいろな側面がある

　ひと言で「自己肯定感」と言っても、じつは、右図のようにさまざまな側面を持っています。

　これらの感情だけでなく、人をうらんだりねたんだり落ち込んだりする気持ちもすべて認め、ありのままを受け入れる「自己受容」こそが「ほんものの自己肯定感」です。

　自尊感情と自己肯定感は併記されることもありますが、アンケートなどで数値化できる自己肯定感のひとつの側面が自尊感情です。本来、自己肯定感は数値測定することができない深い概念なのです。

　自己肯定感のなかに内包されている意味や深さの違いを知って、「浅い自己肯定感」にこだわらないようにしましょう。

　もし、自己肯定感に関する本を読んで「わたしは自己肯定感が足りない」と感じたとしても、「そんな自己肯定感なんかなくてもOK」と思えることが、深い「ほんものの自己肯定感」につながります。

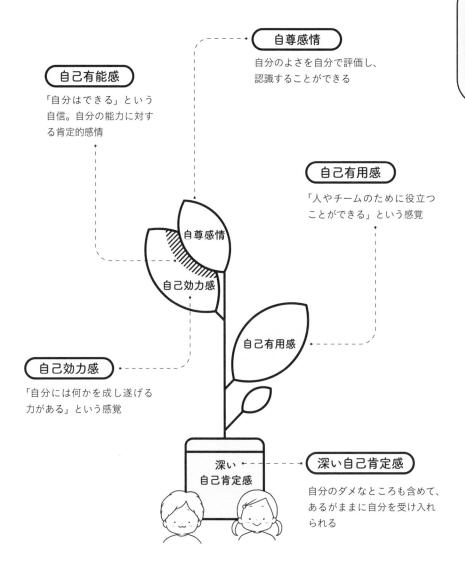

自尊感情

自分のよさを自分で評価し、
認識することができる

自己有能感

「自分はできる」という
自信。自分の能力に対す
る肯定的感情

自己有用感

「人やチームのために役立つ
ことができる」という感覚

自尊感情

自己効力感

自己有用感

自己効力感

「自分には何かを成し遂げる
力がある」という感覚

深い
自己肯定感

深い自己肯定感

自分のダメなところも含めて、
あるがままに自分を受け入れ
られる

自己肯定感の仲間

わたしには
いいところがあるよ！

自己効力感

自己有能感

自尊感情

わたしは
役立つよ！

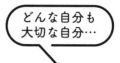

どんな自分も
大切な自分…

自己有用感

深い自己肯定感

自己肯定感が高いと手に入ること

自己肯定感が高いことのメリット

① しあわせ力がアップする

この「しあわせ」が何かは、本書で見つけ出してください。

**② レジリエンスが高まり、
失敗しても回復する力が上がる**

失敗してもなんとかなると心を強く持つことができます。

③ 人に助けを求めることができるようになる

自信がある人が、人に助けを求めることができるのです。

④ 一生かけてやりとげる仕事を持つ大人になる

自己肯定感が高いと、物事に前向きに取り組むことができます。

⑤ 仕事仲間と「良好な人間関係」を
持てるようになる

情報を共有したり助け合ったりすることができます。

⑥ ともだちが多くなる

自己肯定感が低いと「どうせわたし（ぼく）なんかともだちになる
資格がない」と思い込み、ともだちの輪が少なくなってしまいます。

⑦ 恋愛が成就しやすくなる

他者と深くつき合えると、恋人もできやすくなるでしょう。

⑧ パートナーとの関係が長続きする

自分を認めることができると相手にも寛容になれます。

自己肯定感が低いと懸念されること

自己肯定感が低いことのデメリット

① 心からしあわせになれない

② レジリエンスが低くなる

③ 人を頼れない

④ 仕事をすぐ辞めやすくなる

⑤ ともだちができにくくなる

⑥ 他者と深くつき合えず、恋人もできにくくなる

⑦ パートナーとの関係が続きにくい

まとめ このように、自己肯定感が高いときとは反対のことが起こりやすくなるでしょう。
自己肯定感が低いと良好な人間関係が築きにくくなります。そのことが、将来恋人やパートナーとの親密な関係を維持することにも影響してしまうのです。

case

傷つくのが怖い

傷つくのが怖い、現代的な問題

　私、諸富は以前「なぜ人を愛せないのか？」というテーマで『ABEMA Prime』というインターネットテレビ番組に出演しました。

　子どもや親のことを愛せないという悩みには「自己肯定感」と「親密性」、そして「承認欲求」が関わっています。承認欲求が強すぎると、ほかの人からの評価で傷つくことが怖くなり、人とうまく触れ合うことができなくなってしまうのです。

　相手から嫌われるのが怖い人は、自分が傷つかないようにするために、人を愛せなくなってしまうところがあります。同じように、子育てで失敗することが怖い人も「子どもを愛せない」という悩みを抱えていることが多いのです。

　多くの人が「人と親密になりたいけれど、なれない」という悩みを抱えています。心の問題には、HSP、愛着障害、親密性などさまざまな名前がありますが、現代人の問題の根っこはひとつです。

　本書では、その問題を自己肯定感の切り口から紹介していきます。

保護者の
自己肯定感が高いことも、
子育てに大切

親のしあわせが子どものしあわせにつながる

「仕事も趣味もあきらめて、育児に専念しなくては」と無理をしすぎていませんか？

子どもは両親のしあわせそうな姿を見て「わたしもしあわせになっていいんだ」という気持ちを育んでいきます。

反対に、親が無理をしている姿を見せるのは「人生はちっとも楽しくない」と子どもに教えているようなもの…。ですから、まず親自身が自分の思うように生きましょう。それが、子どもがしあわせに生きていくためにもとても大切なことなのです。

人からどう見られるかを過度に気にするのは、自己肯定感が低い状態です。「人から見た自分」「実家の親から見た自分」を気にしている限り、本当の意味で自己肯定感を高め、自立することはできません。

親やまわりと違っていても「わたしだけの子育てのし方があっていい」と気持ちを切り替えて、親であるあなた自身の自己肯定感も高めていきましょう。

チクチク
楽しいなー♪

自己肯定感
UP

自己肯定感
DOWN

子どもの
ため…

封印!!

「しあわせになってはいけな
い」というメッセージを発信
しているようなものです。

自己肯定感、否定感の連鎖

親ができなかったことを
子どもに押しつけてしまうことも…

　親は子育てのとき、自分のしたかったことを子どもに投影してしまいがちです。

　でも親の考えを押しつけてしまうと、子どもは自分軸で生きられなくなり、自己否定感が強くなってしまいます。

　ひとつ例を挙げます。若い頃、先生になるのを反対されたおかあさんは、逆に娘さんには「あなたは先生になりなさい」と言って育ててきたそうです。

　そして、娘さんは、実際におかあさんの期待通り、先生になったそうです。

　これが、親からどう思われるかを気にして「他人軸で生きている」という状態です。

　娘さんからは「わたしには自分がない」「どうやって自分の人生を生きたらいいのかわからない」という相談がありました。

自己否定感は親から子へ連鎖してしまう

　他人軸で生きていると、自分軸がなくなってしまいます。

　そして、自分軸のない自分が嫌になり、自己否定が親への憎しみに変わっていくこともあるのです。

　さらに、そのまま親になると、今度は同じように自分も子どもに考えを押しつけてしまいます。

　このように自己否定の悪循環を起こしてしまうケースは、とても多いのです。

まとめ

虐待と同じように、自己否定感も、世代を超えて連鎖してしまいます。一方、自己肯定感も世代を超えて連鎖していきます。

親にされて嫌だったことを、つい子どもにしていませんか？ 親にされてうれしかったことを、子どもにしてあげているでしょうか？ 振り返ってみましょう。

自己否定の正体は承認欲求

承認欲求が自己否定につながる

「他人軸で生きる」ということからはじまる自己否定感の正体は、承認欲求です。

承認欲求が強い人は「親から認められていないと、自分は価値がない」という思いを抱えていることが多いのです。

この思考が、自己否定につながってしまいます。

親に叱られると「わたしはダメだ」と感じるのと同時に、「もっと親に認めてもらいたい」とがんばる子もいます。

でも、がんばって就職しても、今度は「なんでまだ結婚できないの?」などと言われて、いつまでも親に認めてもらえません。

まず、承認欲求から解放される

苦労して結婚して、ようやく子どもができても、今度は子育てについてダメ出しをされて、「もっとしっかりしなさい」などと叱られてしまいます…。

それに対してイライラして、「どうしてちゃんとできないの!」と子どもに当たってしまうことにもつながってしまいます。

子育てをするときには、まず親自身が承認欲求から解放され、自己肯定感を高めることが大切なのです。

自分の生きる軸を自分のなかに
しっかり持っていることが大事
です。他人にゆだねている（他
人軸で生きる）と、自己否定に
つながっていきます。

承認欲求を断ち切る

親は親、わたしはわたし

　自分の心の動きを見つめていると、「親やともだち、周囲から認められたい」という承認欲求の強さが心をねじ曲げてしまっているのがわかることがあります。

　「親は親、わたしはわたし」。

　これが、親も子どもも自己否定的にしない、一番のキーワードです。

　まず、親御さんの自己肯定感を高めるために、承認欲求のねじ曲がりから解いていきましょう。

　「親から認められたい」「SNSで認められたい」という承認欲求で心がねじ曲がると、満たされないことにイライラして、子どもに当たってしまうことにもつながります。

　修行僧のように欲求をなくす必要はありませんが、承認欲求もほどほどにするのがいいでしょう。

　親と子どもは別人格。親には親の人生がある。子どもには子どもの人生がある。自分には自分の人生があるのです。

私は
子どもに
ゲームなんて
させなかったわよ！

大丈夫よ。
ちゃんとルール守って
ゲームしてるし
最っ高〜にかわいく
ラブリー&
キュートで優しい子に
育ってるから♡

ゲームやスマホ、タブレットに関しては、親世代と現代とで事情も異なります。

まとめ　親御さんが「SNSや親から認められたい」と強い承認欲求で心がねじ曲がると、イライラして子どもに当たってしまうことも…。
「親は親、子どもは子ども」と、過度な期待を子どもに押しつけないようにしましょう。

承認欲求のほどき方

✔ 「こういう考え方の人になりたい」
と思うイメージを5行くらい書く

✔ 毎日何度も大きな声で唱える

例）・わたしはわたし、人は人
・人からどう見られてもかまわない。人から嫌われてもわたしの価値が下がるわけじゃない。人からどう思われてもわたしの価値が下がるわけじゃない
・わたしにはわたしのやり方がある
・わたしは親の期待に応えるために生まれてきたわけじゃない。親の期待を裏切ってもかまわない
・子どもとわたしは別人格。子どもには子どもの人生がある、わたしにはわたしの人生がある…など

　自分にぴたっとくる言葉を考えてみてください。声に出すのが恥ずかしい人は、子どもがいない時間に行いましょう。

　心理学ではビリーフ（信念）という考え方があります。「心の信条」です。たいていは親の影響を受けていることが多く、「当たり前」になっています。いつの間にか身につけていたビリーフを変えたいときには、新しいビリーフを自分で見つけて、声に出してみてください。

　声に出している言葉が、新たなビリーフになっていくものです。このワークを続けていると、性格が変わっていきます。性格は変えられるものなのです。

いつも
前向きで
よく笑って
メンタル
安定してて
自分の意志を
伝えられて
脚長くて
髪ツヤツヤサラサラで
肌がキレイで目が大きくて鼻筋が

そういうことじゃないのでは…

ママー？

解離について知る

かいり

解離とは自分の気持ちを切り離すこと

解離とは、自分の本当の気持ちを切り離してしまうことを言います。子どもの場合、何かを我慢させてしまうことで起きがちです。たとえば、「男の子でしょ、我慢しなさい」と言われることで、子どもの心に「解離」が生じます。泣きたいときに泣けない。悲しいときに悲しませてもらえない。こういったことが続くと、子どもは自分の気持ちを自分から切り離すようになってしまいます。次第に自分で自分の気持ちがわからなくなってきます。

「泣きたいときには泣いていい」「つらいときにはつらいと言っていい」——そんな関わり方をしていきましょう。

親の期待に応えたいという気持ちから、子どもはがんばってしまい、自分の気持ちを自分から切り離してしまいます。

無理をした「いい子」に注意

親に気を遣って本当の気持ちを言えない子も、自分の気持ちを感じたり、表現したりすることができずに解離が起こっています。

いつも「元気だよ」「大丈夫」と我慢している子のほうが症状はより深刻です。根深い問題につながります。

もし心当たりがあれば、できれば早急にカウンセラーに相談してください。

自分の気持ちを切り離してしまう子は、親の前でだけいい子で、園や小学校では問題児という場合が多いのも特徴です。

園や小学校で問題を起こさなくても、中学校に入ってからリストカットなどをしてしまうケースもあります。

自分の本当の気持ちを切り離して、本当は悲しいのに無理をして明るく振る舞っているような子は、こういった解離を起こしているのです。

悲しいときは「悲しい」と言える子に育てましょう。

解離を起こさせず伝えるコツ

本当の気持ちを表現していいと伝える

　子どもが少し大きくなると、泣いているときに「泣かないの」「泣いちゃダメ」と言いたくなる場面もあると思います。

　電車の中にいるなど、何か必要があって泣きやませなければならないときは、大きな声で注意をして無理やり我慢をさせるより、スマホでYouTubeを観せるなど、何かほかのことをして、気をそらしてあげるほうがいいでしょう。

　厳しく叱ると、自分の気持ちをわかってもらえないことで、余計に泣いてしまっている子もたくさんいます。

　そういう子の場合は、自分の気持ちをお天気マークで表現してもらうのもいいでしょう。

　「そっか、いまは雨なんだね。雷さんも出てきちゃったか～」と言ってあげることで、子どもは気持ちをわかってもらえたと思い、落ち着いてくるはずです。

気持ちを表現するための「こころの天
気日記」については、96ページで詳し
く解説します。

自己肯定感にとらわれると
陥るワナ

「自己肯定感」で注意するポイント

「自己肯定感」という言葉に惹かれる親のなかには、「いつも前向きでいることがいい」と思っている人がいるかもしれません。

でも、「いつも前向きな子どもに育ってほしい」という親の期待を押しつけられてしまうと、「わたし（ぼく）にはもう無理、できない」と弱音を吐けない子どもになってしまいます。

もし、あなたが自己肯定感という言葉が好きなら、子どもがあなたの期待に応えようと無理をして元気に明るく振る舞っていないか、悲しいことやつらいこともすなおに言えているか、とくに気をつけてください。

子どもの本音を受けとめてあげる

弱音を吐けるのは、相手が受けとめてくれる安心感があるからです。もしも弱音を吐いて、「そんなにうしろ向きなことを言ってはダメでしょ」と言われてしまったら、次から何も言えなくなってしまうはずです。

子どもが安心して弱音を吐けるようにするためには、それを受けとめてくれる相手が必要なのです。

何がなんでもハッピー、い
つも前向きというわけには
いかないのです。

自己肯定感にこだわりすぎない

自己肯定感が低くてもOK

過去に自己肯定感の本を読んで、かえって落ち込んでしまったことはありませんか?「つい『あんたなんか産まなければよかった』と言ってしまった」「わたし、ダメ出しばかりしてしまっている」と落ち込んだことはないでしょうか?

どの子育ての本でも、理想の状態の話をしています。しかしパーフェクトな親なんていません。どんな親でも「どうしてあなたはダメなの!?」と声を荒らげて怒ったことはあるもの。究極は「それでも親をやめていないだけでOK」「まぁいいか」と思えればOKなのです。

たとえば、本当は自信を持ってほしいけれど、いつも子どもが「わたし(ぼく)には無理」と言っているときには、「まぁいいか」「この子はそういう性格なのかもしれない」と受けとめること。これが本当の自己肯定感なのです。

自己肯定感にこだわりすぎると自己否定になる

最近は、世間が「自己肯定感」と言いすぎているところもあります。

「なんでもっと前向きになれないのか」と自分を責めて、結果的に自己否定的になってしまうのです。

自己肯定感という言葉が流行ったことで、自己肯定できない自分を責めて自己否定的になってしまっている人も増えています。

でも、本当に必要な究極の自己肯定感は自己受容です。それは「生きているだけでOK」という気持ちです。「前向きでなければ」とこだわるより「親であるだけで丸儲け」と考えてみませんか?

時間に正確
ブルー！

あわてんぼー
レッド！

見栄っぱり
イエロー！

慌

みんなそろって

ザ・わたし！

いつも完璧にできるとは限りませんし、失敗してもたいていのことは取り返しがつきます。「まぁいいか」と受けとめましょう。

自己肯定感がない自分も
受け入れる

気にしすぎない

リチャード・カールソンの『小さいことにくよくよするな!』(サンマーク出版)という本が売れたあとに、その隣に置いてあった北西憲二の『「くよくよするな」と言われても…くよくよしてしまう人のために』(三笠書房)という本も売れたそうです。

カウンセリングの現場でも、「自己肯定的になれずに落ち込んでしま

う」という相談が多くなってきました。子どもに否定的なメッセージを出していないかと悩む人も増えています。

もしも心配になるときは、「一緒にいてくれるだけでしあわせだよ」「自己肯定的にならなくても、ダメな子だと思わないよ」と声をかけてあげましょう。

教科書通りの「理想の親」でなくていい

もし、12〜13ページの自己肯定感チェックシートの合計が−13だったとしても、大丈夫です。

いろいろな本で「子育ての理想」が語られていますが、実際に理想的な家庭を実現できているのは、全体

の5人に1人もいないでしょう。

理想通りにできていることがしあわせとは限りません。「理想通りできていなくてもいい」と思えるほうが、じつはほんものの自己肯定感につながっているのです。

こんな私も…オールOK♥
「なんくるないさ」で生きていこう

「なんくるないさ」はきちんと生きていれば道は開けるという意味の沖縄の言葉です。

深刻な親の傾向

親の接し方が子どもをつくる

　恋人にしても親子にしても、人間関係は、接し方で決まります。親の間違った接し方が、子どもを問題児にしてしまうこともあります。どんな親の子がどんなタイプの子どもになってしまうかを確認しておきましょう。

　問題のある親の接し方は、支配型・家来型・放任型の3つに分類できます。支配型の場合、子どもはびくびくした子になりやすく、親が家来型の子どもは、王様タイプになりがちです。放任型の子どもは、ひとりよがりな子に育つ傾向があります。

　いずれも、親の都合で育ててしまっているため、子どもの心の奥には「寂しさ」があります。それが、学級崩壊や万引き、リストカットなどの問題にもつながっているのです。

　その傾向は大人になっても続きます。親の接し方は、子どもの一生に影響するのです。

親の接し方の**NG**タイプ

支配型

・子どもをなんでも縛りつけてしまう親です。子どもをコントロールしたいタイプです。
・子どもは無理をして「いい子」になりやすく、人生がねじ曲げられてしまいます。「自分がない大人」に育ってしまいがちです。

家来型

・先回りして動いてしまう親です。子どもの言うことをなんでも聞いてしまいます。
・子どもは王様タイプになりがちです。衝動をコントロールできず、ともだちとトラブルになりやすいところがあります。就職・結婚など大人になってから問題が出ることもあります。

放任型

・子どものことより自分のことを優先する親です。子どもよりスマホ・SNSを優先してしまうタイプです。
・子どもはひとりよがりな子になりがちです。寂しい思いから、かまってほしくて親に反抗したり、わざと問題を起こすこともあります。

無条件の愛を忘れない

原点は「生まれてきてくれてありがとう」の気持ち

わが子が生まれてきてくれたときには、「生まれてきてくれてありがとう」と思ったはずです。

それが、「いい子育てをしよう」「自信のある子に育てよう」などと欲が出てきて、いつのまにか「条件つきの愛」に変わってしまってはいないでしょうか?

もう一度、無条件の愛に立ち返りましょう。

「生まれてきてくれてありがとう」を毎日30回唱えるのも効果的です。少なくとも1日1回大きな声で唱えていたら、すぐに原点に立ち戻れるようになるでしょう。

子どもが小さいときの写真を一緒に見るのもいいかもしれません。

「もっともっと」という欲に縛られない

子どもが5歳、10歳と大きくなるにつれて、原点を忘れてしまう親御さんはとても多いものです。

「自己肯定感」という言葉に縛られている人は、親として「もっともっと」という欲に縛られてしまっているところがあります。

でも、それで家庭から笑顔がなくなってしまっては本末転倒です。

「自己肯定感がないとダメな親だ」、「自己肯定感がない子はダメだ」という考え方から自分を解放してください。いわゆる「自己肯定感」などなくてもOKです。

それが、最初にあった無条件の愛に立ち返ることです。無条件の愛がほんものの自己肯定感につながっているのです。

「泣いてコミュニケーションを図るだけだった子がこんなに大きくなって…」と思い返すのもいいですね。

61

<u>自己肯定感を</u>
<u>育む子育ての大原則</u>

☐ ほんものの自己肯定感を知る

☐ 子どもの成長ステップに合わせて愛情表現を変える

☐ 気軽にプロの手を借りる

☐ 自己肯定感の深さの違いを知る

☐ 浅い自己肯定感「自尊感情」にこだわらない

☐ 自己肯定感が高いことのメリットを知る

□ 自己肯定感が低いことのデメリットを知る

□ 保護者の自己肯定感も大切

□ 承認欲求を断ち切る

□ 自己肯定感が低い自分も受け入れる

□ 問題が起きやすい親の接し方の3タイプを知る

□「無条件の愛」を忘れない

"いい子"にご用心

　子どもは「親を悲しませたくない」「言ってもわかってもらえない」と感じたら、だんだん本音を隠してしまうようになります。

　子どもの心をハッピーなことだけで埋め尽くそうとして、悲しみを排除するのは怖いことです。必要なのは、怒りや悲しみなどもそのまま受けとめる、自己受容のできる深い自己肯定感です。

　子育てがうまくいっていると思っても、ときには子どもが親に合わせていないか、振り返ってみるのもいいでしょう。
　子どもが本音を言えているかどうかは、次のような視点でチェックしてみてください。

・子がトイレに入ったらしばらく出てこない
・子が元気に振る舞っているが、時々ボーッとしている
・子がおかしを買うときなどに「これ、買っていい？」といちいち親の機嫌を確かめてくる
・子が「ごめんなさい」を何度も繰り返し言う
・親が「男の子だから我慢」「お姉ちゃんだから我慢」とつい子どもに言ってしまう

子どもの

自己肯定感

アップ術

自制心を持たせる

- 自己否定するような機会を
  減らすことが大切
- 自己コントロールには
  自己観察と自己選択が必要

本を読むぞ！

よし！

今は我慢するぞ！

うん…
我慢！
うむむ…

おかし

決めたことをやりとげたり、我慢が
できたりする体験から自分への自信
が深まります。

自己否定しないためには自制心も必要

　たとえば、ADHD（注意欠如・多動症）の傾向があって衝動を自分でコントロールできない子は、自分でも「なんでこうなっちゃうんだろう…」と感じているはずです。とくに、衝動性が強い子の場合、本当は園や小学校で隣の席のおともだちと仲良くしたいのに、つい叩いてしまうことがあります。

　「本当は仲良くしたいのに、どうして叩いてしまったのか、自分でもよくわからない…」「イライラしはじめたら、とまらなくて困っちゃう…」という思いを抱え、最終的に「どうしてこうなっちゃうんだろう…。わたし（ぼく）は自分のこと嫌い！」と自己否定してしまうケースも多いのです。

自己肯定感アップのためのルール

　自己肯定感をアップさせるには、

1 「人の役に立つこと」をさせる
2 「わたしにも自分をコントロールできた」
　　という体験を増やす

という2つのルールがあります。**2**は、自分の能力に自信が生まれるセルフ・エフィカシー（自己効力感）という体験にもなります。

衝動を抑えるためのクセをつける

わが子が別の子の近くにいるといじわるなことをしたくなってしまうようなら、しばらくの間、別の部屋に行って気持ちを落ち着けさせましょう。

そうやって「今日はイラッとしても叩かなかった」「いじわるしなくてすんだ」と、マイナスの経験を回避するようにしていくのです。

たとえば、子どもがイライラしてきたら、「〇〇くんどうしちゃったのかな？」「イライラしてきちゃったのかな？」と聞いてあげてください。

そして、「こういうときはどうしたらいいと思う？」と問いかけましょう。

子どもの将来まで見据えて接する

「こうしたらいいよ」とうながすのではなく、「どうしたいかな？」と、子どもにたずねましょう。これが習慣化すると、自分の頭で考え、自身の様子を観察し、どうするのかを選択できるようになっていきます。

このように、自分でどうするかを選んでもらうことが自己コントロールにつながっていくのです。もし子どもに無理やり何かをさせることが続くと、ずっとそれをしてあげなければいけなくなってしまうでしょう。それでは、大人になったときに苦労してしまいますね…。

自己観察をして行動を選ぶ習慣を身につけることは、子どもの自己肯定感を培うことにもつながっていきます。子どもの未来のことを考えるなら、親が強制しないこと。気をつけたいところですね。

Work

<u>自己肯定感UPワーク</u>

子どもが選んだことを尊重してあげる

　前ページでも触れたように、どんなことでも、無理やり強制することは自己肯定感を下げてしまいます。

　たとえば、夜ふかししている子どもにもう眠ってほしいときには、「今朝はなかなか起きられなかったよね。だからおかあさんはそろそろ眠ったほうがいいと思うんだけど、○○くんはどう思う？」と、子どもと話し合って、本人に選んでもらい、尊重しましょう。

　自分で選んで眠ることが、子ども本人の自己肯定感アップにつながります。

「寝なさい」と強制されてしまうと、子どもは起きていたい自分を否定されたように感じてしまうもの。そうすると、たとえ睡眠時間がたくさんとれたとしても自己肯定感は下がってしまうのです。

幼児期から自己選択トレーニングをしよう

　自己選択と自己決定を習慣づけるには、幼児期からトレーニングをはじめるのがおすすめです。「まだ早い」と感じる人もいるかもしれませんが、むしろ幼児期は、自分でどうするか選択することで「自己コントロール

感」を育てるのにちょうどいい年齢なのです。

　毎日の簡単なことでかまいません。どんな洋服を着ていくか、いつお風呂に入るか、なんの絵本を読みたいのか…。子どもの選択を尊重しましょう。

02 レジリエンスを身につける

- 落ち込んだときは一緒に落ち込んであげる
- 親の愛情が子どものレジリエンスを育む

ひとりで落ち込むのはさびしくてつらいこと。一緒にいてあげられる時期だからこそ寄り添ってあげたいですね。

「大丈夫」と思える人が踏ん張れる

　生きるうえで「いざというときに踏ん張れる力」はとても大切です。そこで注目されているのが、困難にぶつかったときに、しなやかに回復して乗り越える立ち直り力、「レジリエンス」です。

　つらいときに踏ん張れず、レジリエンスが低い人はその後の人生で苦労します。

　人生は何もかも順調にいくことばかりではありません。だからこそ、前向きに生きていくためには、何度でも立ち直れる力が必要なのです。

柔軟な心をつくる

　このレジリエンスを高める方法として、よく「自分のいいところ探し」のワークが紹介されています。ただ、このワークは「ハーディネス」という鋼のような強い心をつくるためのもの。一見いいように思えますが、鋼のような心は、一度折れてしまったら戻すことができません。

　本当のレジリエンスは、「ゴムのようにしなやかで柔軟な心」のことを指します。鋼の心より、「一回へこんでも、元に戻れる回復力」をつけることのほうが大切なのです。

02

レジリエンスを育むには

　子どもの踏ん張る力＝レジリエンスを支えているのは、何よりも親の愛情です。いつも「おかあさん、おとうさんはあなたの味方だよ」と言われている子は、「何があっても大丈夫」という心の土台を持っています。

　この安心感があるから、何かあっても折れずに挑戦することができるのです。子どものレジリエンスを育てることは、子どもにしてあげられる人生最大のプレゼントです。温かい言葉をたくさんかけて、心の土台をつくってあげてください。

一緒に落ち込んであげる

　「みんなのほうができる」「わたしはダメなんだ」と感じる場面でこそレジリエンスが試されます。

　たとえば、おともだちと比べてダメだったときは、「それはママも一緒に落ち込むよ〜」と一緒に落ち込んであげましょう。

　子どもにとって、自分ひとりで落ち込むのはつらいことです。ひとりで抱え込んでしまうと「わたしはダメなんだ」と、レジリエンスが非常に下がってしまいます。

　おかあさんやおとうさんも一緒に落ち込んであげることで、子どものつらさが軽減され、レジリエンスや元気が少しずつ回復していくのです。

レジリエンスのある子を育てる
親のかまえ

　子どもが一番つらい思いをしているときには、次のような姿勢で関わりましょう。

1 落ち込んだときに一緒に落ち込んであげる
2 「ダメなことがあっても大丈夫だよ。なんくるないさ」と
　　伝えてあげる
3 「もう一度やってみよう」と再チャレンジを応援する

　こうした親の習慣が、レジリエンスのある子どもを育てるには必要なのです。
　失敗を乗り越える体験を積み重ねることで、本当のレジリエンスが育まれていくのです。

強い心を
ゲット！

この時期に育まれたレジリエンスは、人生を生きていくうえでとても大切な力になります。

03

押しつけない

◉ 遊びも子どもが自分で選ぶ

◉「自分で決める」ことも強要しない

「自己肯定感」を育もうと熱心になるあまり押しつけてしまっていないか、立ち止まってみましょう。

何遊びをするかも
子どもに選んでもらう

　子どもは、遊びを通して「この世界は楽しみに満ちている」ということを学んでいます。そのときの自分の成長に必要な遊びを、選んでいるのです。

　ですから、大切なのは、どう遊ぶのかを子ども自身に選んでもらうこと。強制すると、遊びさえも「やりたくもないことをさせられている…」とネガティブな感情につながりかねません。

　おともだちと一緒に遊ぶのが楽しい子もいれば、ひとり遊びが好きな子もいます。知育玩具で遊ぶのが好きな子、積木を積み上げて崩したい子。外遊びが好きな子もいれば、中遊びが好きな子もいます。気がすむまでいろいろな遊びをさせてあげましょう。

子どものどんな選択も受け入れる

　大人が「これで遊びなさい」と押しつけると、自己決定や自己選択ができず、自己否定感が生まれてしまいます。一方で、「自己決定をしなさい」と押しつけることもよくありません。もし本人が「わからない」「決められない」と言ったら「そっか」と、そのまま受けとめてあげましょう。

　「何がなんでも自分で決めさせる」という考え方はよくありません。選べないときにもそのまま受けとめることが、本当に子どもに選んでもらうことになるのです。

　「本に書いてあるから、何がなんでも自己選択させなければ！」と強制して、結果的に子どもを自己否定的にしては意味がありません。

04

達成感を大事にする

- 「できた」という達成感が味わえるようにする
- 遊びと勉強はリズムをつくる

何かができるようになるのは、本当にうれしく楽しいもの。自信が育っていきます。

達成感が自信につながる

　幼少期に大事なのは、小さな達成感を得る機会を増やすことです。達成感が得られると、やる気も増し、勉強する習慣につながっていきます。

　小学校低学年までは、学校から出される宿題をしていれば十分。でも、もし家でドリルなどを用意する場合には、選ぶポイントが2つあります。

1　1ページの問題量が少ないこと
2　本のページ数が少ないこと

　「1ページできた!」「1冊できた!」という達成感が、すぐに味わえるものを選びましょう。

　この達成感が「わたしは勉強することができる」という自信につながります。この繰り返しによって、勉強する習慣が身についていくのです。

勉強するリズムをつくる

　小学校低学年くらいまでは「勉強よりもともだちと遊びたい!」と思うのが当たり前。勉強する習慣を身につけさせたいのなら、思いきって勉強を後まわしにしてもいいでしょう。

　おすすめは、「遊びから戻ったら15分勉強する」という決まったリズムをつくることです。

　遊びから戻ってきて、テレビを観たり、夕食までの少しの時間で勉強をする。

　そうやって毎日少しずつ勉強していれば、必要な学力がかならず身についていきますよ。

過度に期待しない

- 「期待」より「応援」が子どもの成長につながる
- 親の期待を押しつけない

自分の挫折やこうあってほしいという強い願いからくる期待が、子どもの重荷になってはいけません。

「期待」より「応援」が子どもを伸ばす

　子どもは健気なので、どんな子も「パパ、ママの期待に
応えたい。喜ばせたい」と思っています。ただ、親が過度
に期待をかけてしまうと、その思いが子どものプレッシャ
ーになってしまうこともあるでしょう。

　子どもの成長に必要なのは、親からの応援です。その子
ががんばって取り組んでいることを、支え、見守ってあげ
ましょう。それが、親が子どものしあわせのためにできる
ことです。

「期待の押しつけ」をしていませんか？

　自分が親にしてもらいたかったことを子どもにしてあげ
ることで、「きっと子どもはしあわせになるはず」と思い込
んでいる親御さんは多いものです。

　でも、「親は親、わたしはわたし」です（44～45ページ）。
子どもと親は別の人格。きょうだいであっても一人ひとり、
しあわせの感じ方は違います。親がほしかったものを与え
ることが、子どものためになるとは限らないのです。子ど
ものしあわせを願うなら、自分の願望ではなく、子ども自
身が望んでいるものに目を向けてあげましょう。

　「ダメなものはダメ」と伝えることも、ときには必要です。
しかし、基本は子どもの自己選択です。親が子どものため
にしてあげられることは、子ども自身の選択を応援し、支え、
見守ってあげることなのです。

06 受け入れる

- 条件つきの愛と、「無条件の愛」の違いを知る
- 「無条件の愛」は表情で伝わる

後始末は面倒なものですが、親のがっかりした表情を子どもはよく見ているものです。

無条件で、子どもを認める

「無条件の愛」とは、子どもが生まれたときに感じた「生まれてきてくれてありがとう」という気持ちです。その反対に、親の気に入ることをしたときだけほめていると、子どもは「条件を満たしたときだけ愛してもらえる」と思い込み、条件つきの愛だと受けとってしまうようになります。

子どもは親の表情を見ている

ダメなことをしてしまったとき、子どもはまず親の顔を見ます。ここで怖い顔をしていると、子どもは「嫌われちゃう…」と思うでしょう。ですから、このときの親の表情はとても重要です。できるだけ嫌そうな顔をしないようにしましょう。

やんちゃをしてしまった子が親の顔を見たときは、愛情いっぱいの表情と目で見てあげてください。「まったくも〜」と口で言ったとしても、愛がいっぱいの表情をしていると、子どもは無条件の愛を体感し、安心できるのです。

これは **NG**

条件つきの愛

幼少期のときに条件つきの愛を与えることを、「承認の条件」と言います。これが身についてしまった子どもは、無意識に「自分はこの条件がクリアできたら価値がある。できなければ価値がない」と考えるようになってしまうのです。

07 スキンシップを たくさんとる

- 0～6歳までは遠慮なく際限なく
- 大人になっても安心感は続く

ギューッ ギューッ

きもちメーター

スキンシップによる安心感で、
子どもの自己肯定感がぐんぐん
育っていきます。

スキンシップは心の栄養

　ラブラブ期（0〜6歳頃）に、「ぼくはこの世界で受け入れられているんだ」「わたしはしあわせになっていいんだ」と思える感覚を育むことが、心の土台づくりにつながります。そのためにおすすめなのは、たっぷりとスキンシップをとることです。

　具体的には、心を込めてゆっくり抱っこする、ペタペタさわる、ギュッと抱きしめる、ほっぺにキスをするなどのタッチングを繰り返しましょう。

　スキンシップは、甘やかしではありません。子どもの心を豊かに育む栄養のひとつです。

　遠慮なく、際限なく触れていれば、子どもは皮膚感覚で「わたしは受け入れられている」「とことん愛されている」と感じるようになっていきます。

安心感は大人になっても続く

　困難を乗り越える力は、幼少期に自己肯定感が育まれたかどうかが大きく影響します。

　日常的にたっぷりとスキンシップをとることで、子どもは親を心の安全基地だととらえ、さまざまなことにチャレンジできるようになります。たとえ失敗しても、「大丈夫。立ち直れる！」と踏ん張れるのです。この安心感は、大人になってもずっと続きます。

　「平日に子どもと一緒に過ごせる時間が少ないなぁ…」という場合でも問題ありません。愛情あふれる触れ合いの時間を持てば、愛されている感覚は育ちます。ぜひ一緒にいる時間に、抱っこやチュッチュで、たくさんのスキンシップをとることを習慣にしましょう。

08

「大好きだよ」と言葉にして伝える

- 言葉にするとより伝わる
- 言葉にすると気分がともなうようになる

 ------ こんな言葉もうれしい！！ ------

| 大丈夫よ | いつも見てるよ |

| ママ（パパ）がついてる | あなたは大切な宝物 |

| 生まれてきてくれてありがとう |

日頃から「○○くんのことが大好き！」「○○ちゃんが大切だよ」とわが子へ伝えていますか？

とくにラブラブ期（0〜6歳頃）には、抱きしめたり、頬ずりしたりしながら、はっきりと「大好きだよ」と言葉にしてあげましょう。

親子、夫婦、恋人…どんな関係性においても、自分の思いを言葉にして伝えることは、とても大切なこと。言葉にしなければ、思いは伝わりません。

言葉にすると、気分もともなう

「大好きだよ」のほかに、「あなたは大切な宝物」「生まれてきてくれてありがとう」といった言葉も、子どもの自己肯定感を育みます。言葉にすることで、気分までともなうようになるからです。これは、伝える側、伝えられる側、どちらにも言えることです。

言葉にすることができたら、今度はわが子の目をじっと見ながら、伝えてあげてください。
親が言葉にした愛情は、子どもが生きていくうえで、大きな心のよりどころになるのです。

✕ NG これは

「わかっているだろう」と決めつけない

「ありがとう」「大好き」と、言葉に出すことが大切です。大人同士でも、言葉にしなければ気持ちは伝わりませんね。親子でも、夫婦でも、恥ずかしがらずに言葉にするようにしましょう。

09

貢献していることを伝える

- 自己有用感、貢献感を育む
- 実況中継のように伝えるメリットを知る

自分が役に立っているという気持ちや、周囲と自分が関連しあっているという感覚が芽生えてきます。

子どもの行動がまわりにいい作用を もたらしていることを伝える

みんなの雰囲気が明るくなったとき、「○○ちゃんが笑うと、みんなが笑うね」などと伝えてください。できれば実況中継のように「○○ちゃんが笑ったから、○○くんも笑ってるよ〜」と言ってあげると、子どもはとても喜びます。

実況中継のようにしてあげることのメリット

・「自分のことをちゃんと見てくれているんだ」
　ということが伝わる
・「自分のいいところ」がわかる
・「自分のいいところが、ほかの人の役に立っているんだ」
　という自己貢献感を味わうことができる

子どもが小さな頃から、どんなところがいいのか、どんどん伝えてあげてください。

 こんな言葉もうれしい!!

○○ちゃんのこういうところ、ママは好きだなぁ

おともだちの○○くんが、あなたのことを
「優しくて大好きだな」って言っていたよ

○○ちゃんが楽しそうだと、
パパもしあわせだな

○○くんは、おともだちを
大切にしているね

10

子どもの性質を プラス面からとらえる

● 親が注目するところに子どもも注目する

● 短所も見方を変えると長所になる

どんなことにも長所、短所の側
面があると思って、子どもの性
格をとらえてみましょう。

「強み」に注目する

　ダメなところではなく、よさや強みに注目することが、子どもの自己肯定感を育てるための基本です。

　「こんないいところがあるね」といいところに着目することを、心理学ではストロークと言います。

　「ちゃんとした子に育てなくては」と意識しすぎると、子どもの弱点ばかりに目がいってしまうものです。

　でも、親が子どものダメなところばかり見ていると、子どもはそれを真似して、自分のダメなところばかりを見るようになってしまいます。

　反対に、いいところを見てくれる親の場合は、子どもも自分のいいところを見られるようになっていくのです。

　できているときにフィードバックがなく、ダメなときばかり注意する親御さんがいます。それは自己肯定感を高める方法とは真逆です。

　ダメなところばかり着目していると、「どうせわたしにはできない」と自己否定感が増し、やる気を失ってしまうでしょう。

見方を変える

　弱みや欠点も、とらえ方を変えることで、強みとしてとらえられるようになります。

　たとえば子どもが「ともだちに『とろい』って言われた」と落ち込んでいたら、「それは『ていねいにしている』ってことだよ」と言い換えてあげましょう。

　子ども自身が自分の行為や性格を否定的にとらえていても、見方を変えれば、その子ならではのよさがあらわれていることがわかるはずです。

11

楽しいことを一緒にやってみる

- 親と一緒に楽しむことで、子どもの興味が広がる
- 親の好きなことを一緒にするのが一番

親が楽しんでいる姿を見ることで、子どもは自分の楽しみを見つけることができるようになります。

子どもと一緒に親のしたいことをしよう

「積極性がなくて心配です。おやつ、おままごと、テレビなどなんでもいいので、子どもが自分で楽しいことを見つけてほしい」と言う親御さんもいます。

でも、子どもが小さいときには、受け身でもおかしくはありません。「子どもの遊びにつきあわなくちゃいけない」と思ってはいませんか？

子どもは親と一緒に何かを楽しむことを通して、自分の楽しみを発見していくこともあるのです。

親の好きなことなら、ちょっとくらい難しくても子どもは楽しんでやろうとするでしょう。無理のない範囲で、まずは親自身が楽しいと感じることを、一緒にしてみてください。

たとえば、料理が親の趣味なら、一緒につくって、写真に撮って、SNSにアップしてみるのもいいかもしれません。好きなスポーツをするのもいいですね。

子どもが一緒では、手間も時間もかかるかもしれませんが、親自身が好きなことなら、多少の手間は気にならなくなるはずです。一緒に楽しみながら、わが子の興味を広げてあげましょう。

自己肯定感UP
ワーク
親子でちょっと
寄り道をしてみる

寄り道は、決してムダではなく、好奇心を育て、一日を豊かにしてくれます。まず、親であるあなたが寄り道をしたくなるような気持ちを持ちましょう。もちろん、余裕があるときでかまいません。

12

良質な睡眠をとる

- 睡眠不足は自己肯定感を下げてしまう
- 質のいい睡眠は眠たいときに
  寝かせてあげること

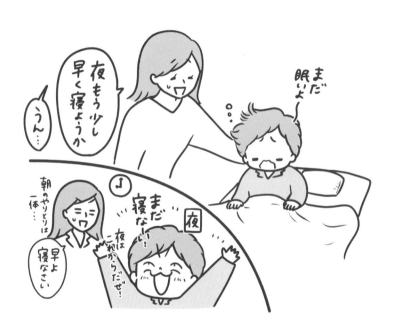

朝、早く起きようと決めても夜になると忘れるというのも子どもです。繰り返し、一緒に決めましょう。

良質な睡眠をとる

　ぐっすり眠ることは、活力の源です。睡眠不足によって脳の血流が悪くなると、肯定的な感じ方ができなくなり、うつ病などの病気を招いてしまいます。

　睡眠不足は、自己肯定感を下げることにもつながってしまうのです。

　アメリカでは、3～5歳の子どもの理想睡眠時間は10～13時間が望ましいという意見もあり、世界と比べると、日本の子どもは睡眠時間が短いと言われています。

　日本の場合は親も忙しく、保育園に行くとき、朝、無理に起こさざるを得ないケースも多いでしょう。

　本当は、質のよい睡眠をとるためには、子どもが眠たそうにしているときは寝かせてあげることが一番です。いい睡眠のためだと理由づけて、「○～○時までは寝る時間」という大人のルールを押しつけてはいけません。

　もし「朝は無理やり叩き起こしてしまっているかも…」と心当たりがあるなら、睡眠時間が足りていないはずです。

　できるだけ早めに寝られるように、どうしたらいいか子どもと相談をしましょう。

自己肯定感UP

ワーク

日光を浴びて散歩する

晴れた日に、自然のなかや川の土手などに散歩に行くのはおすすめです。「歩くことは脳にいい」と言われています。スタンフォード大学の研究では「歩いているときのほうが、思考能力が平均60%アップする」という結果も出ているそうです。

また、散歩するときには太陽の光を浴びるようにしましょう。日光は神経伝達物質の状態も良好にし、人の気持ちを幸福にしてくれます。

13 お手伝い習慣を身につけさせる

- お手伝いで、家族との共同体感覚を育む
- やってもらったら「ありがとう」を伝える

身につけておくとよいことなら、ポイント制にして小さいうちから習慣にしてあげるといいですね。

「共同体感覚」を育む

　共同体感覚は「誰かの役に立てる」という経験から養われます。それは自己有用感、自己肯定感にもつながっていきます。共同体感覚を育むには、お手伝いをしてもらうのがいいでしょう。これは、「家事は基本的に親がするもので、子どもはその『お手伝い』をする」ということではありません。「家族というチームのメンバーだから、自分も一緒にやるんだ」という意識を育てていきましょう。

　最初はテーブルにお箸を並べる、玄関の靴をそろえるなど、簡単で楽しみながらできる家事からはじめましょう。

　子どもがお手伝いをしてくれたとき、ほかの家族は「ありがとう」と言ってあげてください。「『家族』というチームのメンバーとして、自分にもできることがある」「自分ができることで、みんなが喜んでくれる」——この感覚をたくさん体感させてあげましょう。わが子のチームの一員としてのやる気を育てることにつながります。

　そうは言っても、ある日突然「今日から家事をしてね」と頼まれたら、子どももとまどってしまいます。3〜4歳くらいから少しずつはじめるのがいいでしょう。

家事は「ポイント制」にする

　なかなか家事をしない子には、「ポイント制」にするのもおすすめです。「靴をそろえたらシール1枚」「洗濯物を洗濯かごに入れたらシール2枚」と決めて、シールがたまったらほしい物と交換できるようにするのです。

　「物でつるようだけど大丈夫？」と思うかもしれません。しかし、やっているうちに洗濯かごに入れるのが楽しくなったり、靴をそろえないと気がすまなくなっていくものです。

自己肯定感UPワーク

✔ お天気マークで評価してみる

　日記も細かくつけようとすると続けにくいものです。はじめは親御さんが今日の子育ての気持ちを「晴れ」「くもり」「雨」とお天気マークで記録しましょう。これを「こころの天気日記」と言います。すぐに自分を客観的に見られるようになるので、ぜひやってみてください。

　また、子ども自身に自分の気持ちを聞いてみるのもいいですね。そうすることで、自分の気持ちを表現できるようになる子もいるはずです。

　よく「子どものサインを見逃さないように」と言われますが、親子でも限界はあります。

　子ども自身に自己観察（セルフモニタリング）をさせて、教えてもらうのが一番です。

日常で行うこと：こころの天気日記
ときどき行うこと：雨マークが多いときには「なぜ雨マークなのか？」を一緒に考える

　もし毎日「晴れ」マークだったとしても、本当に楽しいときと、親に気を遣ってしまっていると

きの両方があると言えます。

　気になるときは「トイレに入ったら出てこない」など、わが子の日々の様子を確認してください。そして、必要なときにはプロのカウンセラーに相談することも考えましょう。

　186ページには、「こころの天気日記」を記録できるフォーマットがありますから活用してみてください。

14 子どものひとり時間を大事にする

- ● ボーッとしているときに想像力や創造性が育つ
- ● 熱中しているときは静かに見守る

子どもの中で何が育っているのか想像しながら見守るのも、親の楽しみのひとつですね。

「ボーッとしている」時間も大切にする

「ボーッと過ごすのんびりした時間」の大切さを知っていますか？

おとなしい子や口数の少ない子、ボーッとして見える子は、じつは感受性が豊かだったり、丹念に周囲を観察して、大人が想像もつかないほどの思考活動をしていることがあります。

そんなときには、余計な口出しをしないで、子どもの内的な成長をじっくりと見守ってあげましょう。

子どもが本来持っている想像力や創造性の芽を摘まないために、「ボーッと過ごすのんびり時間」を確保してあげることも、親の大切な役割です。

夢中になる時間を大切にする

人は熱中できることがあると、生きる喜びを感じます。その喜びを感じる時間が多ければ多いほど、自己肯定感は高くなるのです。

早ければ2歳頃から、この「無我夢中の時間」は訪れるでしょう。このとき「何かに夢中になるより、集団生活のほうが大切」と考え、「ひとりで遊んでいないでみんなで遊びなさい」と言うのはNGです。

子どもが何かに夢中になっているときは、できればそっとしておいてあげてください。「ご飯よ」と言っても来ないときは、子どもを待たずに、ほかの家族で先にご飯を食べるくらいがちょうどいいでしょう。

15 自発的な行動や判断を尊重する

- 子どもの考えを応援する
- もどかしく感じても手は出さない

どうしても急ぎたいときは、前の晩に準備を済ませるなど工夫してみましょう。

子どもの考えを応援する

　子どもには子どもの考えや気持ちがあります。「あれをし
たい」「こうしてみたい」と自分の頭で考えたアイデアを積
極的に行動に移そうとしていたら、ぜひ応援してあげまし
ょう。

　大人から見ると時間がかかってもどかしかったり、「それ
はうまくいかないよ」と感じることのほうが多かったりす
るかもしれません。

　でも、わが子の行動を否定したり、ストップしたりしな
いようにしましょう。

　「待つ姿勢」が大事です。親が根気強く応援していると、
子どもは安心していろいろなことに挑戦できるようになる
のです。

手を貸さない

　「失敗させたくない」「ちゃんとやらせてあげたい」という
親心が強いと、「そうするより、こうしたほうがいいよ」な
どと、つい余計な口出しをしたくなってしまいます。

　でも、大人の過剰なお膳立ては、子どもの自立心を奪っ
てしまうものです。「どうせ自分で考えても無駄なんだ」「た
だママの言う通りにしていればいいんだ」とあきらめるよ
うにもなります。

　最初は心配でも、ぜひ「やってごらん」という気持ちで
見守ってあげてください。

16 子どもがしては
いけないことをしたら…

- ダメなことはダメときちんと叱る
- 叱ったあとは信頼と愛情もセットで伝える

① すぐに

② 目を見て

③ 低い声で

④ なぜダメなのかが
わかるように、叱る

叱ることも必要

　子どもが小さいときには、たくさんの愛情を注ぎ続けることが大切です。一方で、もしお子さんが悪いことをしたときには、叱ることも愛情です。

　物をわざと壊したり、おともだちにいじわるをしたりと人に迷惑をかけることをしてしまったときは、きちんと叱りましょう。最近は「しょうがないわね〜」「ホントに困っちゃうわ」などと他人事のように言って、きちんと叱れていない人もいます。

　悪いことをしたときに伝えるポイントは、次の4つです。
①すぐに
②目を見て
③低い声で（迫力を出して）
④なぜダメなのかがわかるように、叱る

　たとえば、おともだちにいじわるをした場合、「〇〇くんが同じことをされたら、どう思う？」「もし△△くん（おともだち）だったとしたら、とても悲しい気持ちになるよね。自分がされて嫌なことは、おともだちにもしたらダメなんだよ」と理由がわかるように説明しましょう。子どもを叱るとき、親が感情的になってはいけません。感情のままにまくし立てても、伝えたいことは子どもに伝わらないのです。

叱ったあとも大切

　最後に「〇〇くんだったら、ちゃんと謝れるよね」など、子どもへの信頼と期待を込めた言葉を伝えてください。厳しくしたあとは、愛情と信頼もセットで伝えてあげるようにしましょう。

17 子どもに響く伝え方をする

- ◉ 叱るより、目を見て伝えるほうが子どもに響く
- ◉ ダメなことは、無視するのも方法のひとつ

状況を客観的に伝える実況中継をすることで、親の気持ちにも余裕が生まれるかもしれません。

気持ちは「わたしメッセージ」で伝える

　基本的に、叱るのは本当にダメなときだけにしましょう。いつも叱りすぎると、子どもが叱られることに慣れて、注意の効果が薄れてしまいます。

　怒らないように伝える場合は、子どもの目を見て、親御さんの気持ちを実況中継するように伝えると効果があるでしょう。たとえば「〇〇くん、今日も部屋を散らかしてるね。ママはとっても悲しい気分になるな。あ〜あ…」と言ってその場を離れます。

　このように、おかあさん、おとうさん自身の気持ちを「わたしメッセージ」で「ママは悲しい」「パパは嫌だな」と伝えてみてください。

ダメなことは無視をする

　アドラー心理学では、子どもががんばっているときに声をかけ、がんばっていないときは無視をするのがいい接し方だと考えます。

　人間は、かまってほしい生き物です。たとえば、おにいちゃんやおねえちゃんが妹のことを叩いたとき、「どうしてこんなことをしたの？」「何があったの？」と聞いていませんか？　そうすると、子どもは「悪いことをするとママにかまってもらえる」と勘違いして、悪いことを繰り返してしまうのです。

　子どもがよくないことをしたときには、無視をしたほうが、「悪いことをするとママにかまってもらえない」と受けとって、繰り返さなくなります。

Work

自己肯定感UPワーク

✓ 「今日できたこと日記」をつけてみる

たとえば「今日も野菜を食べられた」「いつもより少しがんばれた」「習い事に行けた」など、子どもがふつうにできたことを記録するのはとてもいいことです。ポイントは、いつもできていることでも「当たり前」と思わないこと。普段できていることでも、感謝の気持ちを持って記録していきましょう。

「いつもやっていることだから、できることに入らない」と思うものもあるかもしれませんが、普段できていることも、肯定的な行動として記録に残しておきましょう。そうすることで、おかあさんたちにも「ちゃんと育ってくれてありがとう」という気持ちが育まれていくのです。

✓ ネガティブな考えに自分で反論する

人間は、元来マイナスのほうに目が向きやすい生き物です。心理学の手法のひとつに、「自分の否定的な思考に反論する」という方法があります。

たとえば、おかあさん自身が「またやってしま

った…」というとき、「わたしはなんて出来の悪い
母親なんだろう…」「わたしは完璧な母親にはほど
遠い…」「わたしは親失格だ…」といった自分のネ
ガティブな思いを書いてみましょう。

　そのあと、書いたことに対して反論していきます。
たとえば、「たしかにうまくいくほうがいい」、「で
も、わたしは親失格なわけじゃない」「わたしはい
つも完璧な親を自分に求めているけれど、完璧な
人なんてひとりもいないんだ」などと書いてみる
のです。

　ネガティブなことを書くだけでは、考え方は肯
定的に変わりません。書き出した内容に反論して、
思考を変えていくところまで行いましょう。

　188ページには、「気持ちリフレーミング日記」
のフォーマットがありますから活用してみてくだ
さい。

気持ちリフレーミング日記

「わが家のルール」を決める

- ● ルールやマナーが子どもを守ってくれる
- ● 家のルールも子どもと相談しながら決める

ルールづくりを楽しむのもひとつの方法ですね。自分で決めたことは守りやすいものです。

家でルールを学ぶ

　子どもは親の行動や表情をよく見ています。そして、親を通して「やっていいこと・いけないこと」「正しいこと・正しくないこと」の判断基準を、子どもなりに学ぶのです。

　幼少期に、ルールやマナーをきちんと身につけさせることが、わが子の心や身体を守ることにつながります。ただし、ルールは細かくせず、これだけは大事にしたいという最低限のものにしてください。

　たとえば、
・よそのお宅に行ったら、あいさつをする
・おうちには暗くなる前に帰ってくる
・おともだちにお金を貸したり、借りたりするのは絶対にダメ
・おともだちに「死ね」「殺す」「ウザい」といった、傷つける言葉を言ってはいけない

　といった内容などです。決めたルールは、子どもが自分で守れるようにうながしていきましょう。

ルールを守ってほしいとき

　「危ない目にあわせたくない」と親が口出しばかりしていると、子どもの自立心を奪ってしまいます。反対に、子どものわがままの言いなりになってばかりもいけません。「泣いて騒げば、なんでも思い通りになる」と思うと、自分のコントロールが苦手な子になってしまうからです。

19 気分で叱ったり甘やかしたりしない

- 言うことがその都度変わると子どもは混乱してしまう
- 一貫した愛情が子どもの心の土台をつくる

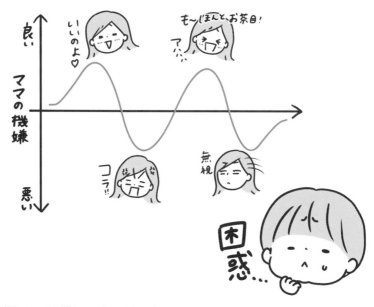

親にとっても難しいことのひとつかも。ここまではOKというボーダーラインを決めておくといいでしょう。

安定した愛情が心の土台をつくる

　子どもの心の土台になる自己肯定感を育むには、親がいつも安定した気持ちで子どもに接することが大切です。言葉と態度で、一貫した愛情を注ぎ続けましょう。

　子育ては大変ですから、おかあさん、おとうさんもイライラしてしまうことがあるでしょう。でも、親の心が荒れていると、鏡に映したように子どもの心も不安定になってしまいます。

　もし、親自身がいつもイライラしていたり、自分の機嫌に左右されて子どもへの態度がコロコロ変わってしまっている場合には、少し注意が必要です。

　たとえば、子どもが同じ失敗をしても、自分の気分で「大丈夫、大丈夫。そのくらい平気だよ」と許す日もあれば、「何してるの!」と強く叱ってしまう日もある。そんなことの繰り返しだと、子どもは本当の親の気持ちはどっちなのか、混乱してしまうでしょう。

日常から愛情をたっぷり注ぐ

　子どもを不安にさせないためにも、なんでもない日常から「大好きだよ」「大切だよ」と言葉と態度で伝えて、愛情の土台をつくっておきたいものです。親の気分の浮き沈みや機嫌によって、この土台が揺るがないようにしましょう。

　そのためにも、「親自身の気持ちの安定」が、とても大切なのです。

20 八つ当たり してしまったら謝る

- ◎ 言葉より穏やかな態度が大事
- ◎「ごめんね」と「大好き」をセットで伝える

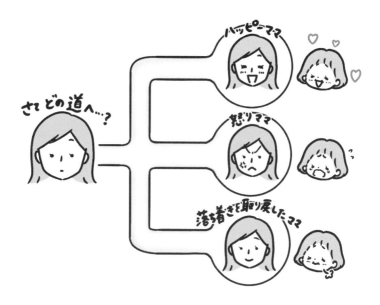

さてどの道へ…?

ハッピーママ

怒りママ

落ち着きを取り戻したママ

八つ当たりした罪悪感からさらに冷静さを失ってはいけません。落ち着きを取り戻したママの道へGO。

まずは親自身がストレスをためないこと

子育てはラクではありませんから、ときには子どもに八つ当たりしてしまうこともあるかもしれません。

親自身がストレスを上手に発散することも大切です。たとえば、ウインドウショッピングやお茶をしたり、カラオケで大声で歌ったりするのもいいでしょう。

八つ当たりしてしまったら

もしイライラして子どもに当たってしまったら、気をつけたいのはそのあとの子どもへの接し方です。まず気持ちを穏やかに戻してから、子どもに愛のメッセージを伝えるようにしましょう。

子どもは「言葉」より、親の「態度」を見ています。イライラしたまま「ごめんね」と言っても、子どもには「ママは怒っている」としか伝わりません。イライラして当たってしまったら、まず子どもから離れ、ひと呼吸おいて気持ちを落ち着けましょう。

気持ちが穏やかになってから、「さっきはごめんね。ママ言いすぎちゃった」「ママは○○ちゃんのことが大好きだよ」と、わかりやすい愛のメッセージを伝えてあげてください。

子どもは気持ちの変化が早いので、何時間もたってから言われても、何のことかわからなくなってしまいます。できるだけ間を空けずに、すぐに「ごめんね」と「大好き」を伝えましょう。

21 与えすぎに 注意する

- 満たされすぎると
  自分の気持ちがわからなくなる
- 「欲」は生きる原動力でもある

何が 本当に 必要なの…?

子どもが困らないようなんでも先回りしてそろえてあげるのが必ずしもいいこととは限りません。

自分の気持ちがわからない

　いま、自分は「何がほしいのか、何がしたいのかがわからない」と言う子が増えてきています。

　親が先回りして動いてしまうと、子どもは自分でどうしたいのかわからないようになってしまいます。「これがほしい」と言う前にほしいものを与えられ、「ここに行きたい」と思う前に行きたい場所に連れて行ってもらえる状態では、「自分」がなくなってしまうのです。

　「親に誕生日に何がほしいか聞かれて、何も思いつかなくて困っている」と中学生に相談されたことがありました。

　わたしたちの世代では、「ほしい」とねだってもなかなか買ってもらえなかったり、「行きたい」とダダをこねてもなかなか連れて行ってもらえなかったり…ということがふつうでした。ただ、こういった満たされない「欲」は人間の生きる原動力にもなります。生きるうえで必要なものでもあったのです。

「欲」は生きるエネルギーになる

　欲がないことは一見いいように感じるかもしれません。でも、原動力がないことで「しあわせになりたい」という意欲までなくなってしまうのは問題です。

　「何かに向かって必死に努力する」という心のエネルギーがなくなってしまうことや、生きていく力や生命力そのものが低下しつつあることは、決していいことではありません。

　しあわせをつかみとるためには、「○○がほしい」「□□をしたい」という「欲」も必要なのです。

22

お手伝いは なるべく任せる

- 任せられることで、子どもは達成感を味わえる
- 「ありがとう」と言われる機会をつくる

やりはじめたことを途中で取り上げると、「自分はできなかった」という思いを残してしまいます。

任せられることが達成感につながる

　「お手伝い習慣を身につけさせる」（94〜95ページ）で紹介したように、お手伝いを通じて子どもは共同体感覚を養っていきます。

　おうちのお手伝いをしてもらうときのポイントは、できるだけ子どもに任せることです。お手伝いは、自分が何かをしたことで、「ありがとう」と言われる絶好の機会です。そこで親が手や口を出したり、行動を誘導してしまうと、子どもがせっかくのお手伝いの達成感を味わえなくなってしまいます。

　共同体感覚を育むには、おうちのお手伝いのほかにも、ペットのお世話をしたり、おともだちに親切にすることもおすすめです。

お手伝いは心を育む機会になる

　子どもにお手伝いをしてもらっても、結局はおかあさんがやり直しをすることになるかもしれません。実際、「最初から自分でやったほうがラクだし、早い」と言う声もよく聞きます。

　でも、心を育てることはなんでも手間がかかるものなのです。すぐにできることをよしとせず、最初は手間がかかっても、どんどん子どもにお願いをしていきましょう。

　小さな頃から「自分は人の役に立てる」という経験をさせることが、将来、働くことの喜びにもつながっていきますよ。

23 社会のルールを教える

- ◉ 社会に出て働くところまでイメージする
- ◉ 自己都合ばかりにならない

子育ては長い道のり。社会に出て働くところをイメージしてあげたいですね。

働くところまでイメージする

子どもにルールを身につけさせるときには、社会に出て働くところまでをイメージしてください。自分の都合ばかりを優先するわがままは、通用しませんよね。

「自分ではそれをよしとしていても、まわりからは受け入れてもらえない…」。そんな思いをするのは子ども自身です。ルールを身につけることは、子どもの将来にもつながっているのです。

大切なことは家族で決める

家庭のルールは、子どもにとっても心のよりどころとなります。最初は「〇〇ちゃんの家ではいいのに…」と、言われるかもしれません。でも、次第にそのルールが「わが家らしさ」だと感じられるようになるでしょう。それが、子どもの心の安定にもつながっていきます。

大切な点については「よそはよそ、うちはうち」でいいのです。「これがわが家のルール」という枠を家族で決めていきましょう（108〜109ページ）。

✕ これは NG

「休んだっていい」はおすすめしない

最近は、レジャーを理由に学校を休む子も増えています。でも、親がそれを「よし」としてしまうと、子どもは「サボりたいときはサボってもいいんだ」と考えてしまうかもしれません。ですから、あまり自己都合のお休みはしないほうがいいでしょう。

24 ゲームは時間帯を決める

- ⦿ 禁止や無制限など、極端な方針にしない
- ⦿ ゲームは時間を決める

「なんでわたし（ぼく）ばっかり」
と言われないよう、親も一緒にルー
ルをつくるのもいいですね。

極端な方針はとらない

　ゲームが子どもにどんな影響を与えるのか、たしかな答えはまだ出ていません。

　しかし、長時間のゲームは脳に悪影響があるのではないかと言われています。また、就寝間際にテレビゲームをすると、脳が興奮して睡眠の質が下がってしまい、学業にも悪影響を及ぼすのです。

　これは集中力の低下や、落ち着きのなさにも関係しているので、ゲームのやりすぎは控えたほうがいいでしょう。反面、ゲームを完全に禁止すると、ともだちと話が合わなくなることもあります。無理やり取り上げると、子どもがカッとなって親へ反抗し、関係が悪化するきっかけとなるケースもあるので注意が必要です。

　ゲームの影響が明確にわからない現時点では、極端な方針をとらないほうがいいのではないでしょうか。

ルールは一緒に決める

　テレビゲームや携帯ゲームは、ハマると依存性が高く、抜け出せなくなってしまいます。そうなる前に、子どもと相談してルールを決めましょう。

　たとえば、「最近、ゲームをすると止められなくなっているよね。1日の時間を決められるといいと思うんだけど、どうかな?」と聞いてあげてください。

　人間は自分で決めたことでしか、行動を変えられないものです。ルールをつくるときには、親が勝手に決めるのではなく、あくまで、「子ども自身が自分で決めるのを手伝う」という姿勢でいましょう。

25 多様な視点を手に入れる

- ひとつの正解にこだわらない
- いろいろな答えのあることをやってみる

長くてかっこいい花だね!

ママの鉢もわさわさしててかわいい♡

パパのは…強そう!

だろ!!

どれかひとつの正解でなければいけないということはありません。

多様な視点を手に入れる

多様な視点を持つということは、ひとつの正解ばかりにこだわらないということ。これが「ほかの人と違う感じ方をしてもいい」という自己肯定感にもつながっていきます。

「さまざまな考え方がある」と理解できることは、社会に出たときの問題解決能力につながっています。これは、大学入試でも求められている力です。まず、6歳までは「いろいろな考え方があるんだね」というレベルで十分でしょう。

たとえば、足を速くしたいとこだわるより「大人になれば、運動神経のよさはあまり関係ない」と考えられるほうが本人もラクになるでしょう。期待をかけすぎたり、「まわりと一緒じゃないとダメ」と言って、視野を狭め、子どもを自己否定的にしないように気をつけましょう。

多様な視点を養うには

・料理をする
同じ献立でもさまざまなつくり方があります。味の濃淡、風味の違いも感じられるでしょう。

・野菜や植物を育てる
同じように育てても、結果がいつも違う
ということを体験できます。

・読書、映画、芸術鑑賞をする
家族で同じものを見ても、それぞれのとらえ方が違うものです。感想を共有して、多様な視点を感じてみましょう。

感謝の心を育てる

- つながり、
  支え合っている感覚を養う

- 感謝の心は
  強制しても育たない

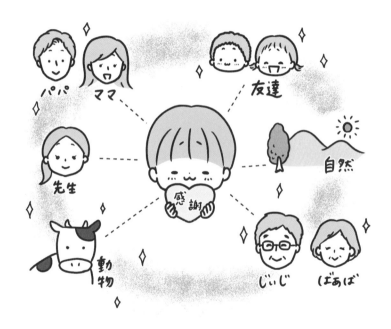

身近な人たちが感謝し合っているなかにいると、自然に同じ姿勢が身についていくでしょう。

感謝の心を育てる

　感謝の心を持つと、いろいろなものとのつながりや、ご縁のなかで生きている感覚が身についていきます。この感覚は、心の安定にもつながります。

　「すべてのものはつながっていて、お互いが支え合っているんだ」という視点を持てることは、心の成長にとても重要です。感謝する行為を通して、「すべてはひとつにつながっている」という感覚を育むことができるのです。

　日頃から親がいろいろなことに感謝している姿勢を見せると、子どもにも同じ姿勢が身についていくでしょう。たとえば、子どもが小さい頃から、「いただきます」「ごちそうさまでした」と親が手を合わせる姿を見せるのもいいですね。

　「いただきます」は「すべての命あるものを、自分のなかに取り入れる感謝」を表した言葉です。毎日の食事からも、すべてのものはつながっているという感覚や感謝の心を育てることができます。

感謝の心を強制しない

　ただし、ここでも「感謝しなさい」と強要してはいけません。感謝の心は、じわじわとわき出てくるもの。子どもには姿を見せるだけにしましょう。子育ての大原則は、「何を育てるか」ということよりも、「どんなふうに育てるか」です。その観点から見ると、どんなことも、親が教え込むのではなく、子どものなかに自然にわいて、獲得できるようにしてあげることが必要なのです。

27

自分のものさしを持たせる

- 子どものものさしで「ゴール」を決めてもらう
- 自己選択、自己決定が自己肯定感を育てる

自分のものさしに自信が持てる
のも、自己肯定感のおかげです。

自分のものさしとは?

　66〜69ページでも解説しましたが、自己肯定感を育むには、子どもの頃から自己選択、自己決定ができるようになることが一番です。そのためには、子どもにも「自分のものさし」があるといいでしょう。

　ここで言う「ものさし」とは、「ゴール設定」のことです。「ここまでできなきゃダメ」と親が無理に決めてしまっていることはありませんか?

　親が勝手にゴール設定してしまうと、達成できないとき、子どもは「わたしはママじゃないから、そこまでできない…」と落ち込んでしまいます。

　「何をものさしにするのか、何を目指すのか」は一人ひとり違うものです。子どもの意見を聞いて、尊重してあげましょう。小さな頃から、自分でゴールを設定して、自分のものさしで生きていいのです。

✕ これは NG

がんばっているときしかほめない

がんばったときにばかり注目することは、裏返すと「がんばっていないときはダメだ」と伝わってしまっているということになります。
とくに勉強では結果が見えやすい分、つい結果に対してほめることをしがちです。でも、いつの間にかそれが子どものプレッシャーになってしまうことも…。条件をつけるのは、本当の自己肯定につながりません。結果だけでなくプロセスもほめたり、何もないときにも「大好き」と伝えてあげてくださいね。

28

リビング学習を行う

- ◉ 幼児期の勉強は親も一緒にやってあげる
- ◉ 思春期まで子ども部屋はなくてもいい

勉強だけでなく習い事の練習も同様です。親が見ていてくれる安心感のなかで集中して取り組めます。

子ども部屋よりリビングで勉強する

　リビングで勉強している子は、集中力がアップして成績が上がりやすいと言われています。

　また「自分の部屋で勉強しなさい」と言われると、親から拒絶されたように感じて自己否定感が増してしまいます。ですから、学習面でも、心の面でも、思春期に入ってプライベートな空間が必要になるまでは、子ども部屋はなくてもかまいません。

勉強は「親と一緒に」取り組む

　最初から子ども部屋で、ひとり机に向かって黙々と勉強できる子はいません。小さい頃の宿題や勉強は、①リビングで、②最初の5分は一緒にやって、ペースに乗れるよう手伝いましょう。

　子どもが自分から宿題をはじめてくれたら、おかあさんはとてもラクでしょう。仮にそういう子の場合でも、完全にひとりにはせず「いまは何をやっているの？」と一緒に見てあげてください。

　「ママも一緒にするから宿題をやろう」と言うのです。最初は一緒でも、途中からはひとりでできるようになって、おかあさんは夕飯の準備ができるようになる。これが子どもに勉強習慣が身についていく理想的なパターンです。

29 習い事をさせる

- ◎ 習い事も子どもに選んでもらう
- ◎ 子どもが無理をしていないか、
  様子を見守る

習い事はしてもしなくても自由です。
子どもが何に興味があるか、一緒に
探るのもいいでしょう。

習い事は子どもが決める

　習い事をするときにも、子どもの自己決定と自己選択を最優先すべきです。勉強でも運動でも、子どもが自分で興味を持ったり、「やりたい」と言ったりしたものだけをさせてください。

　習い事の数も「本に書いてあるから」などと、無理にたくさん詰め込むと、子どもは疲れてしまいます。子どもによって大変に感じる数は違うので、相談して、子どもに決めてもらいましょう。

　習い事はひとつだけでも大丈夫です。「保育園・小学校時代に楽しく継続して打ち込めたものがある」という経験は、子どもの達成感や自己肯定感を高めてくれるでしょう。

習い事の例

　幼児期からの習い事では、ピアノ、バレエ、水泳、英会話などが人気ですが、知的能力や情操の発達にはピアノがいいと言われています。指を動かすことは、脳の発達によい影響を与えてくれます。

　早期教育をさせる場合には、少し注意が必要です。「早く、正しく」という雰囲気が子どもを萎縮させ、無理をした「いい子」にしてしまうこともあるからです。

　どの習い事をする場合でも、子どもが無理をしていないか、様子をよく見てあげましょう。

　また、親の生活が苦しくなるほど無理をして、子どもに習い事をさせる必要はありません。「子どもも親も無理なく」が習い事選びの鉄則です。

30

習い事は
押しつけない

- 嫌な習い事を無理やりさせると、自己否定感が強くなる
- 親の都合を押しつけない

途中で投げ出す子になるのではと心配になるかもしれませんが、どうしても嫌ならやめさせましょう。

習い事で自己否定感が強くなることも

子どもが「習い事に行きたくない」と言ったとき、1回目は「がんばって行ってみようよ」と声をかけても大丈夫でしょう。でも、もしそれが何回も続くようなら、「何かあったの？」「どうして嫌なの？」と行きたくない理由を聞いてあげてください。

「全然できないからやりたくない」という理由なら、やめてしまってもいいと思います。やりたくない習い事を無理やり続けさせられたことで、自己否定感が強くなった大人がとても多いからです。また「習い事の数が多くて大変」なら「どれを減らそうか？」と親子で話し合いましょう。

嫌な習い事は自己肯定感を下げる

強要された習い事や、多すぎる習い事はマイナスに働きやすいものです。その場合は減らしましょう。

習い事をやめるときも、はじめるときと同じです。子どもの気持ちを尊重してあげてください。

✕ これは NG

子どもの人生を乗っ取ってはいけない

家業の病院を継がせたい、タレントとして活躍させたいなど子どもに期待をかけることもあるでしょう。しかしそれが子どもの人生の乗っ取りになることも。そのまま気づかず大きくなると、ダメージも大きくなります。子どもが自分のやりたいことはこれだろうかと疑問に思うことがあれば、それは自立のはじまり。むしろ望ましいことです。

31 「小さな喜び」を味わう

- ◎ 喜びは自己肯定感を上げてくれる
- ◎ 日常の小さな喜びを見つける

宝くじに当選するというようなことは
めったにありません。小さな喜びを探
しましょう。

喜びをたくさん体験させよう

　喜びの体験は自己肯定感を高めてくれます。子どものうちから、小さな喜びも大きな喜びも、たくさん体験させてあげられるといいでしょう。

　日常で小さな喜びを味わうなら、おいしいものを食べたり、一緒に踊ったり、歌ったり、楽しい映画を観るのもおすすめです。子どもと一緒に楽しめることを探してみましょう。

親子でできるいろいろなワーク

・ごほうびをあげる

1日に1回、親子ともに自分にごほうびをあげる。

わが子と一緒に「今日のごほうびは何にしようか？」「お互い自分にごほうびあげようね」と言いながら楽しんでください。

・肯定的な言葉を声に出す

しあわせになっていけるような、肯定的な「おまじない」を口にしましょう。

「だんだんしあわせになってくる〜」「できる、できる！」と声に出して言ってみることで、本当にそういった気分がつくられていきます。

・「ヤッター」のポーズをとる

テレビでは「笑うヨガ」としても紹介されていますが、親子で「やったー」「あぁしあわせだね〜」という気持ちを、大きな声で口に出しましょう。ずいぶんスッキリしますよ。

Q ご自身の子育てに
自信はありますか?

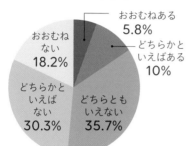

おおむねある 5.8%
どちらかといえばある 10%
おおむねない 18.2%
どちらかといえばない 30.3%
どちらともいえない 35.7%

Q ご自身は自己肯定感が
高いと感じていますか?

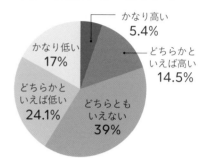

かなり高い 5.4%
どちらかといえば高い 14.5%
かなり低い 17%
どちらかといえば低い 24.1%
どちらともいえない 39%

パパ・ママ自身について

子育てに自信があると言える方はそう多くはなく、
迷いながら子育てしている様子がみてとれますね。

自己肯定感×子育て

Q ご自身は親御さんから
どのように育てられたと感じていますか?

パパ・ママ自身について

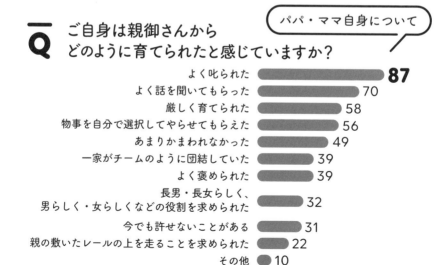

よく叱られた **87**
よく話を聞いてもらった 70
厳しく育てられた 58
物事を自分で選択してやらせてもらえた 56
あまりかまわれなかった 49
一家がチームのように団結していた 39
よく褒められた 39
長男・長女らしく、
男らしく・女らしくなどの役割を求められた 32
今でも許せないことがある 31
親の敷いたレールの上を走ることを求められた 22
その他 10

Q 子育てで、言ってしまって後悔している言葉はありますか？

もう知らないからね

ちゃんとしなさい

そんな子はキライだよ

あなたのためなのよ

なんでできないの？

なんで、同じことするの？

やっちゃダメ、それじゃダメ

後悔していることはない　うちにそんな子はいらない　うるさい　あっち行け

アンケート

マニュアルもなければ正解もない子育てでは、とまどったり自信をなくしたりすることも多いことでしょう。子育て中のパパ・ママに、気を付けていることや後悔したりすることを聞いてみました。

2021年4月8〜9日　編集部調べ（N=240）

子育てについて

Q お子様の自己肯定感を高めるために心がけていることはありますか？

夫婦円満

自分が楽しい生活を送る

お手伝いをさせている

よくおともだちと遊ばせる

習い事をさせる

勉強をみてあげる

いいところを指摘してほめる　ささいなことでほめる

自発的にしたことをほめる　努力をほめる

大好きだよと伝える　好きなことをさせる

しつけ期、見守り期への移行。
シフトチェンジのポイント

見守り期のタイミング

思春期の子育てはとくに難しい、と言われています。「しつけ期」から「見守り期」へうまくシフトチェンジできるかが鍵を握っています。

思春期に入ると、子どもは自分の考えを持つようになります。親への反発をはじめ、家族よりもともだちとの関係が中心になっていくでしょう。

このときから、親も子どもと一定の距離をとり、見守り期に入ります。

見守り期の子どもの関わり方

とくに思春期の子は、ともだち、進学、異性関係など、多くの悩みを抱えています。そんなとき、親がしてあげられることは、まず「何があっても大丈夫!」という心がまえでいて、親自身がドーンと安定していること。そして、少し距離をとって子どもの行動を見守りながら、彼らがSOSを出してきたときに、心を込めて話を聞いてあげることです。

もしも、あなたが小学校の低学年頃まで何かにつけてお子さんの世話を焼いていたという場合は、手を出さないように意識的に大幅なギアチェンジをする必要があるかもしれません。

「大好きだよ」と言葉や態度で伝えるのを忘れないようにしましょう。多少照れて反発をしたとしても、子どもは内心ではうれしいものなのです。

3

自己肯定感

アップの
声かけ

伝え方のポイント

　親御さんのなかには「ほめすぎはよくない」と考えている人も多いもの。でもじつは、厳しくしすぎるほうが、子どもの人生に大きなダメージを与えているのです。

　親子間のコミュニケーションを通して、子どもの自己肯定感を底上げする「共同体感覚」を育みましょう。

一緒に喜ぶことが
共同体感覚を高める

　自己肯定感が上がる理想の親子関係とは、「みんな対等でみんな一緒」という「共同体感覚」のあるチーム関係のことです。

　それに対して、「ほめる、叱る」という行為は、上下の関係を生む関係性であると、アドラー心理学では考えます。

　自己コントロールができる子は、共同体感覚をベースに持っています。

　これを育むには、子どもががんばったことを親が一緒になって喜んであげるのが一番です。

　上下関係から生まれる「よくやったね」「やれば

きる」という、上からのほめ言葉よりも、「ママも
うれしい！」「〇〇くんががんばっている姿を見ると、
うれしくなるわ」と、一緒に喜びを表現する言葉を
かけてあげましょう。

叱ることが、ときに自立を妨げる

たとえば、いつも子どもに「片づけなさい」と叱
っていると、親から叱られるときだけ部屋を片づけて、
それ以外ではサボる子になってしまう傾向がありま
す。

自立した、自己コントロールできる子になってほ
しいのなら、叱る行為は逆効果なのです。

ほめたいときの効果的な伝え方

大人の場合でも、よく気にかけてくれている上司
から「今日は〇〇もやってくれたんだね。ありがと
う」と、即座に声をかけられたらうれしいものです
よね。

同じように、子どもをほめるときも、「すぐ・その
場で・具体的に」言葉にすることがポイントです。

謙遜で子どもを傷つけない

そのほかに意識したいのは、まわりからほめられ
たときに、「いえいえ、うちの子は全然ダメなんです」
などと謙遜しないこと。その言葉を聞いてしまった
子どもは、「ママは本当はダメな子だと思っているん
だ…」と傷ついてしまいます。

わが子がほめられたときは謙遜せず「そうなんで
す！とってもいい子なんです♡」と返しましょう。

聞き方のポイント

話を聞くときの4つのポイント

1

穏やかに
聞く

子どもの話を聞くときは、「低め・ゆっくりめ・大きめ」を意識しましょう。

穏やかな落ち着いた声で、ゆっくりとうなずきながら、大きめの声であいづちを打ちます。そして「そうなんだね」「そっか～」「なるほどね」と言葉をかけてあげてください。

2

子どもの言葉を
繰り返す

同じ言葉を繰り返してあげることで、子どもは「理解してもらえた」という気持ちになります。たとえば、「もう嫌なんだ」と言われたら「そっか、もう嫌か～」と同じ言葉を繰り返しましょう。

幼児期の子には、上手に話すことを求めすぎないようにしましょう。

もし、なかなか話せない子の場合は「いま、つらい気持ちかなぁ？」などと問いかけて、言えるまで待ってあげてください。きっと何か話してくれるはずです。

③
目線を合わせて
あいづちを打ちながら聞く

子どもに目線を合わせて、ゆっくりあいづちを打ちながら話を聞きましょう。

一番大事なことは、子どもを急かさないこと。「それで？」「どうして？」などと、矢継ぎ早に質問しないように気をつけましょう。

④
感情的に
ならない

たとえばわが子が園での出来事を話したとき、おかあさんが「そんなことを言われたの!?　ママ、文句を言ってくる！」などといちいち反応したら、子どもは話をしにくくなってしまいますよね。感情的になりすぎないように心がけましょう。

ほめる

具体的に、プロセスをほめる

おざなりにならないよう、具体的にほめることが大切です。また子どもは時間が空くと忘れてしまうので、その場ですぐほめましょう。

OK

あいさつができてえらいね

NG

ノーコメント

《できないときに叱るばかりでなく、
普段のがんばりをほめよう》

その他OK例

こぼさず食べてえらいなぁ

妹に優しくしてくれて、ママうれしいよ

嫌だって言えたね

宿題、自分で取り組めたね

キレイに書けているよ

その他NG例

さすが男の子だね

《男の子全般をほめたのであって、自分個人がほめられた感じがしない》

100点を取れたあなたはママの自慢よ

《100点を取れない自分は認めてもらえないのだと思ってしまう》

泣かずにがんばったね

《泣いてはいけないと思ってしまう》

叱る

否定せずに「どうするべきか」本人に考えさせる

具体的に、その場ですぐ、プロセスを叱りましょう。感情的になったり人格を否定してしまったりしそうなら、ひと呼吸おいて落ち着いてから。わたしメッセージで伝えるといいでしょう。

OK

叩いたら痛いからやめようね

NG

ダメじゃない！

《「とにかく、わたしに従いなさい」と伝わってしまう。具体的でないので何がいけないのかわからない》

その他
OK
例

みんなで決めたことだから守ろうね

どうして、そうしたのかな？

傘を振り回すとまわりの人に
当たるかもしれないからやめよう

これがないと困る人がいるから、
ちゃんと返そうね

その他
NG
例

今度の休みの遊園地は、なしだよ

《損得で動くことを覚えてしまう》

なんでできないの？

《理由を知るためではなく人格否定のために使う
「なんで」はよくない》

そんなことをする子は嫌いだよ

あなたのために言っているの

《大人の気持ちを忖度することを強要している》

勇気づける

勇気づけるときは
ともに対等な目線で喜ぶ

勇気づけは子どもの自尊心を尊重した接し方。「信頼しているよ」「期待しているよ」というメッセージを伝えることで応えたいという気持ちにさせます。

OK

ダメだったとしても
がんばったことを知っているよ

NG

次は絶対できるよ

《絶対という強い言葉は使わない》

148

その他 OK 例

おもちゃ、貸してあげたのね。
ママ、うれしい気持になったよ

やりかえさなかったの、
えらかったね。うれしかったよ〜

みんなの輪に入ってみようか、
ここで見ているからね

よし、じゃ次がんばろう

その他 NG 例

えらいじゃない

《対等ではなく、上から目線になっていて勇気づけていない》

感謝する

感謝の気持ちは
すなおな気持ちで伝える

成長するにつれて子どもがいろいろできるようにな
ると、それが当たり前になってしまい、「ありがとう」
を忘れてしまいがち。「生まれてくれてありがとう」
の気持ちを思い出し、マンネリ化を避けましょう。

OK

手伝ってくれてありがとう

NG

やればできるじゃん

《上から目線で具体性に欠ける。やらなければ
できないと伝わってしまう》

その他 OK 例

静かにしてくれて助かった

自分からお片づけしてくれて、うれしかった

ママのこと心配してくれてありがとう、うれしいよ

持ってきてくれたの？ありがとう

その他 NG 例

手伝えるじゃん、えらいじゃん

さすがだね

《上から目線で抽象的。感謝になっていない》

謝る

すなおに正直に。
意地をはらず大人になって

親の威厳を保とうとして謝らないと、ダメなことを
認めない子が育ってしまいます。開き直らず、謝り
ましょう。

OK

言いすぎてごめんね

NG

あなたも悪いんだよ

《責任転嫁していて、謝っていない。
まず、ごめんと謝る》

その他
OK
例

きつい言い方をしてごめんね

勘違いして叱ってごめんね。
心配だったの

勝手にノートを見て、ごめん。
嫌な気持ちになったね

ごめんね。
もうしないから仲直りしようか

ごめんね、本当は
あなたのこと、大好きなんだ

その他
NG
例

本気で言ったわけじゃないから

《言い訳している》

お願いする

何かを頼むときは、確実にできることを頼む

子どもに役割を与えることで、人の役に立つ存在なのだという気持ちが育まれます。できることをお願いしましょう。

OK

> これ、やってくれると
> 助かるんだけどな、
> お願いできる？

NG

> それくらい、
> 自分でできるでしょ？

《「自分でできなかったらおかしい」と思ってしまう》

その他
OK
例

こないだうんと上手に
たためていたから、
今日もやってくれる？

ママも忙しいんだから
手伝ってくれるとありがたい

あなたは家族の
大切なメンバーだよ

チームとして
できることないかな？

その他
NG
例

ボーッとしてないで、
なんかやってよ

《人格否定している。チームメンバーとして
「何ができるかな」と聞くのがよい》

あいづちを打つ

ゆっくり、声に出してあいづちを打つ。大きめにうなずくことも大切

子どもが話すことを聞いているよという姿勢をしっかり伝えましょう。急かしてしまうと話せなくなってしまいます。

OK

うん、うん

NG

で？ で？

《せっかちで話を聞いてもらえていない気がする》

その他
OK
例

そうなんだね

それは○○だったね

そう思ったんだね

その他
NG
例

だから、何が言いたいの？

《聞いてもらえていなかった気持ちにさせる》

つまり、こういうこと？

《聞いてもらえていなかった気持ちにさせる》

「注意」は 命に関わる重大事だけに

　注意はなるべくしないのがよいのです。注意するのは、命に関わるような重大なときだけ。このときだけは、大声を出してでも、しっかり伝えましょう。

　たとえば、小さなきょうだいの面倒をみてもらいたいときに「危ないことしないように気をつけてね」と言っても具体的ではないので伝わりません。こういうときは「外に出ていかないよう、見ていてね」などの声がけによる「勇気づけ」がいいでしょう。

わざと悪いことをする子ども

自己肯定感が低い子ほど、親に怒られようとする

　自分を否定してしまっている子は、無意識に「あなたはなんてダメな子なの!?」と大人に言わせるような行動をとることがあります。大人に「ダメな子だ」と言われることで、「わたし（ぼく）はダメな子だから、愛されなくても仕方ないんだ」と自分を納得させているのです。

　子どもと関わっているとき、無性に腹が立って説

START

教したくなったら要注意。その感情は、自己否定している子どもによって引き起こされている可能性があります。

「叱る」より「ほめる」ことが必要

もしわが子がわざと親の嫌がるようなことを言ったり、怒らせようとしたりしても、「何度言ったらわかるの！」「いい加減にしなさい！」と、子どもを否定するようなメッセージを送らないようにしましょう。悪いところを注意するよりも、「いいところを知

っているよ」「できるのをわかってるよ」と声をかけてあげると、子どもは徐々に落ち着いていくはずです。

　親が否定的なことを言いたくなる瞬間があるということは、その子自身が心の奥深くで、自己否定をしてしまっているサインです。

　子どもに対して否定するようなことを言いたくなったときには、一度深呼吸して落ち着くようにしてください。そして、自分の気持ちが子どもから引き起こされていないか、客観的にのぞいてみましょう。

4

パパママの

自己肯定感

アップ術

32 自分を肯定する

- 親が自分を好きになれないと、
  子どもも自己肯定感を持てない

- 親の自己肯定が
  子育ての一貫性につながる

自分に似てダメなところがあるな
ぁと思うことがあるときは、まず
自分の欠点を受け入れましょう。

親の自己肯定感は子育てにも影響する

　自分を肯定的にとらえられていない人は、自分と同じ短所がある人を見ると嫌な気持ちになります。

　とくに親子の場合、子どもに自分と同じ短所があると、必要以上に強く叱ったり、より感情的になってしまうことも…。そうすると、子どもはますます自分を嫌いになってしまうのです。

　もし親であるあなた自身も「自己否定感があるかも…」と感じるなら、まず「自分のことが好きになれない」という気持ちを受けとめることからはじめましょう。それが心の癒しにつながっていきます。

自信が「自分なりの一貫性のある子育て」につながる

　「わたしはなんとかできる」という自信のない人は、すぐ意見が変わったり、一貫性がなくなったりしがちです。でも、言うことが変わると、子どもも不安を感じるでしょう。

　もしも、子どもに「ママ、前に言っていたことと違う」と言われたことのある人は、注意が必要です。

　自己肯定感が高い人は「自分のことも、自分の人生も大事にしよう」と実感できています。そんな親御さんが、自分なりに一貫性のある子育てができるのです。

　親の自己肯定感が高ければ、つらいことがあっても投げ出すことなく子育てに取り組めるようになるでしょう。

33 ストレスを ためない

- 親のイライラから子どもを守る
- 親が自分に合った
  ストレス解消法を見つける

子どものために何かを犠牲にしていると感じるのも立派なストレスです。息抜きが大切です。

自分に合ったストレス解消法を探す

　「このままでは子どもにひどいことを言ってしまいそう
…」というところまでイライラをため込んでしまわないよう、
ストレスを上手に発散することも必要です。ストレス解消
にはいろいろな方法があります。
・トイレにこもる　好きな漫画を読んだり、音楽を聞いたり、
スマホで楽しい動画を見る
・腹式呼吸をする　お腹から息を吐き出す腹式呼吸を、ゆ
っくり5回行う
・大声で叫ぶ　車のなかなどで、ひとりで大きな声を出す
・紙に書き出す　心のなかのモヤモヤ、イライラを文字に
して書き出す
・アロマをかぐ　好きな香りをかぐことで、脳に安らぎを
与えリフレッシュする
・紙をちぎる　古くなった新聞紙やチラシを思いきりビリ
ビリにする
・パンチする　（アニメ『クレヨンしんちゃん』に登場するネ
ネちゃんのママのように）クッションやぬいぐるみに向かって、
「いい加減にしろー!!」などと叫びながらパンチをする

自己肯定感UP
ワーク

気軽に
できることを
取り入れる

　わたしのおすすめは、携帯できるア
ロマスティックです。外出時にイラ
イラしたら、トイレでミント系の香
りをかいで気分をリフレッシュさせ
ています。
　日常で気軽に取り入れられるものを
探してみましょう。自分に合った
ストレス解消方法を見つけることは、
わが子をイライラから守ることにも
つながります。

34 親子（夫婦）で がんばり賞をあげる

- ⊙ お互いの長所を見つけられる
- ⊙ ほめ合うことで、 親子、夫婦の関係がよくなる

「できた成果」をほめるのでは なく「取り組んでいる過程」を 認めてあげる賞がいいですね。

いいところを見つけて認める

　がんばったことに賞を贈る、「かんばり賞をあげる」というワークがあります。親子でそれぞれ「相手のいいところ」と「自分のいいところ」を探してみましょう。

　この「がんばり賞をあげる」ワークには、3つの効果が期待できます。

1　いままで意識していなかった子どもの長所に気づく
2　ほめ合うことで自己肯定感が高まり、親子関係の改善にもつながる
3　夫婦で行うと、夫婦の関係もよくなる

　自分では気づかなかった長所を見つけてもらえることは、大人も子どももうれしいものです。ワークを楽しみながら自己肯定感を高めましょう。

ワークをするときの注意点

　ワークはやりたくなったときに楽しく行うのが一番です。強制しないように注意してください。ワークをしたあとは、子どもの様子も見てあげましょう。逆に「ここができていないかも…」「思ったよりほめてもらえなかった…」と心が傷ついてしまうこともあるからです。

　みんなで振り返りをすることもおすすめです。言葉にすることで体験が定着しやすくなります。

仲のいい人と話す

- 仲のいい人との楽しい時間が自己肯定感を上げる

- 下がった自己肯定感も回復する

仲のいい人と話すことで共感が
得られるとうれしいですね。

仲のいい人といると自己肯定感が上がる

　自己肯定感は、仲のいい人がいるだけで上がります。この「仲がいい人」は、おともだちでも、親子でも、誰でもかまいません。仲良しの人と楽しい会話をしていると、自己肯定感が高まると言われています。

　一方、ストレスを感じる人と一緒にいると、だんだん虚しさや悲しい思いがわいてきてしまうもの…。そんなときも、ざっくばらんに話せて、そのままの自分を出せる相手がいると、自己肯定感も徐々に回復していきます。

自己肯定感UP

ワーク

親子でおやつを食べる

おやつを食べると、脳内のしあわせホルモン（セロトニン）が増えます。脳科学的には、セロトニンが少なくなるとストレスが蓄積され、脳の緊張状態が続き、自己肯定感が低くなると言われています。ですから、おやつはとても有効なのです。親子で会話しながら楽しい時間を過ごすことにも、セロトニンを増やしてくれる効果があります。
一緒に「このチョコは本当においしいね〜」などと言いながら食べると、何も言わずに食べるときよりしあわせを体感することができます。
ですから、おやつは親子で一緒に食べるのがおすすめです。

36 鏡に映っている自分にポジティブな言葉をかける

- 鏡に映っている自分にポジティブなメッセージを送る
- 最初に親がお手本を見せる

どうしても恥ずかしいという人は、
無理にやる必要はありません。

鏡のなかの自分に
ポジティブな言葉をかける

鏡に映った自分にポジティブな言葉をかけると、自己肯定感がアップすることがあります。毎日1回でも効果があります。

ただし、おかあさんが「恥ずかしくてできない」「やりたくない」と思ってできないのに、子どもにだけ「やりなさい」と言うのはやめましょう。

おかあさんが自分でやりたいときにやるのがいいでしょう。親が毎日楽しくしていて、「一緒にやってみない？」と声をかけるくらいがいいのです。

ワークも押しつけない

127ページでも触れたように、自己肯定感UPワークの場合、無理に行うことで自己肯定感が下がってしまうこともあります。

なかには鏡を見ていると気が滅入ったり、毎日自分で自分をほめていると逆に悲しくなるという人もいるでしょう。そんなときは、しないようにしてください。

やりたくないことを、歯を食いしばってしていると、つらくて自己肯定感も下がってしまいます。
自分にも子どもにも、ワークを押しつけないようにしましょう。

自己肯定感を下げない伝え方

「〇〇だから」と言わない

　子どもが、だんだん言葉がわかってくる3〜5歳頃になると、しつけに悩む人も増えてくるでしょう。

　電車のなかで子どもが「座りたい!」と泣き叫んでしまった場合、よく言ってしまいがちなのは「男の子なんだから我慢しなさい」といった言葉です。

　このように、「男の子だから」「女の子だから」と言われすぎてしまうと、子どもは「女の子（男の子）に生まれなければよかった」と卑屈になってしまいます。これは「おにいちゃんだから」「おねえちゃんだから」という言葉でも同じです。

　「〇〇だから〜しようね」と言って、子どもに我慢させることはしないようにしましょう。

多用すると注意の効果が薄れる

　「男の子だから」「おねえちゃんだから」という言葉は、誰かと比較することにあたります。これが子どもの自己肯定感を下げてしまう要因に…。

　注意をしたい場面では、男の子でも、女の子でも、おにいちゃんでも、おねえちゃんでも関係なく、「ダメなものはダメ」ということが多いのではないでしょうか。ほかの言葉で、子どもに伝えられるはずです。

　同じことを言いすぎたために、子どもから「『〇〇だから』って言われるのは嫌だ」と言われて、悩んでしまう親御さんもいます。もし心当たりがあるなら、「〇〇だから」という言葉は多用しないように気をつけましょう。

否定形より肯定形で伝える

　子どもに伝えるべきことを伝えるときには、否定形ではなく肯定形で伝えるのがポイントです。もし電車で「座りたい」と騒いでいたなら、「いまは席が空いてないから我慢しようね。〇〇ちゃんならできるよね」と言ってあげてください。

　立ち上がってうろうろしている子には、「電車のなかでは席に座っていようね。〇〇ちゃんならできるよね」と伝えてもいいでしょう。

　この「〇〇ちゃんならできるよね」という言葉は、「できる」という自己肯定感につながります。

　「なんでできないの？」ではなく「〇〇ちゃんならできるよね」と伝えるといいでしょう。

GOAL

5

自己肯定感が

環境 アップする

まず親が
ハッピーでいる

- 子どもとの時間は、長さより質が大切
- 親のしあわせな姿を見せることが
子どもの自己肯定感にもつながる

親がハッピーだと、子どもたちもし
あわせになっていいんだという気持
ちがわいてきます。

子どもとの時間は長さより「質」が大事

「親自身がハッピーでいること」。

これが子育ての基本中の基本、ハッピーな子を育てるための大原則です。

「3歳までは母親の手で育てるべき」という3歳児神話は根強くありますが、世界中の心理学の調査でも、その根拠は示されていません。

やりたいことを我慢して、イライラした状態で24時間一緒にいるよりも、仕事も好きなこともして、ハッピーな気分で子どもと数時間過ごすほうが、ずっと子どもにいい影響を与えてくれるでしょう。

親が心からハッピーになって生きることが、子どもをハッピーにする一番の近道なのです。

パパママの疑問

ハッピーに生きたくても、おばあちゃんたちの声が気になることもあるかもしれません。

昔は専業主婦の人が多かったので、上の世代の人から「忙しすぎて子どもがかわいそうだ」「仕事をやめたほうがいいんじゃないか」と言われることもあるでしょう。

「3歳児神話」に根拠はありません。

世代の違いからくる言葉に、あまり振り回されないようにしましょう。

38 つらいことをつらいと言っても安心

- 子どもが弱音を言える「安全基地」をつくろう
- まずは夫婦で見本を見せる

家と外とで様子が違うのは、
社会性が育っているからと
も考えられます。

わが家を安全基地にする

アドラー心理学では「自分の本音を言わず周囲に同調していると、やがては自分を信頼できなくなる」と考えられています。

園や学校の子どもたちは、仲間はずれにならないように、日々空気を読んで過ごしているのが現状です。子どもたちも人間関係に気を遣っています。せめて家のなかだけでも、なんでも言える「安全基地」にしてあげましょう。

本音を言える環境をつくるには、まず夫婦間で1日5分、率先してグチや弱音を聞き合うのがおすすめです。人が集中して話を聞ける限界は15分程度ですから、時間を決めて行いましょう。

子どものときに「本当のことを口に出しても大丈夫だよ」という親の姿をモデルとして見せることは、子どもの深い安心感につながります。

言葉を交わし合うときに気をつけること

家のなかを悪口大会で悪い空気にしないようにしましょう。そのためには、他者への不満より、自分の気持ちに焦点を当てて話すといいでしょう。

もちろん、グチだけでなく、「いいね」と言い合えることも重要です。ハッピーな家庭では、ハッピーな言葉が育つからです。

家族みんなのために、家庭内にしあわせで肯定的な循環をつくっていきましょう。

39 パパとママが信頼し合う

- 家族の信頼関係の築き方を知る
- 親の仲がいいと、子どもの心が安定する

パパの悪口を2人で言うことでママと子どもが仲良くなっていませんか？ 誰かと仲良くなるために誰かを否定してもいいと教えているようなもの。やめましょう。

チームの信頼関係を築く

　家族は親子間の「チーム」であり、夫婦は「家族というチームの共同経営者」です。当然ですが、夫婦関係は良好であるほうがいいですね。

　チームの信頼関係を築くためには、3つのポイントを心がけましょう。

1　「自分の時間」を持てるようにする

　とくに子どもが幼少期のうちは、親自身が自分の時間をどうつくるのかが大きな問題です。

「週末はともだちと遊んできたら？」「食事にでも行ってきなよ」と夫婦で声をかけ合って、お互いが自分の自由にできる時間を少しでもつくれるようにしましょう。

2　夫婦でグチを聞き合う

　グチへのアドバイスは必要ありません。「そんなことがあったんだね」と、ただ聞いてあげてください。

3　感謝の言葉をかける

　子育ては大変です。がんばりが報われたと思えるよう、夫婦で「大変だったね」「ありがとう」と感謝の言葉をかけ合いましょう。

親の仲のよさで子どもの心は安定する

　日本人はスキンシップが少ないために、夫婦の仲のよさが子どもに伝わっていないことがあります。

　子どもの前で夫婦で手をつないだり、キスやハグをする。「愛してるよ」と、言葉にして伝えることは、とても大切な習慣です。夫婦間でのダイレクトな愛情表現は、子どもの心の安定によい影響を与えます。

40 祖父母と交流する

- ● 親以外の人から愛情をかけられることで、子どもの自己肯定感はさらに高まる
- ● ななめの関係が子どもの助けになる

近くに祖父母がいないことも多いでしょう。よく行く店の店員や近所の人でもいいのです。

「ななめの関係」は多いほうがいい

　親だけでなく、祖父母やまわりの人など、親以外の人からも愛されていると、子どもの自己肯定感は高まっていきます。

　親でもともだちでもない関係を「ななめの関係」と言います。それが子どもの心の成長につながります。

　隣の家のおにいさん、よく遊びにくる両親の友人のおじさん…。誰でもかまいません。

　親と子どもの関係は、いつでもうまくいくものではありません。時には気まずくなることもあるでしょう。

　そんなとき「ななめの関係」があると、子どもは救われます。

純粋に愛を注いでくれる関係

　親は子どもに対して、どうしても「こうしてほしい、ああしてほしい」という願望を抱いてしまうものです。

　「生まれてきてくれてありがとう」という「無条件の愛」を忘れて、いつの間にか「こうしてほしい」「ああしてほしい」と欲の塊になってしまいがちです。

　ななめの関係の人は、そうした願望を押しつけてこないので、子どもにとって救いになることが多いのです。

　親の愛とまわりの人の愛、両方あることが理想的ですね。

異年齢交流をする

- 異年齢交流はお互いに自己肯定感が高まる
- 護る、養うことで自己肯定感が育まれる

小さい子と関わることで守って
あげたい気持ちが、大きな子と
関わることでかまってもらえる
うれしさがわいてきます。

異年齢交流はいい影響を与え合える

　依存欲求が満たされていない子が、どんどん増えています。十分に甘えられていないのです。

　学校でも、多数の園児に対して先生はひとりか2人。いつも「もっとかまってほしいけれど、かまってもらえない」という思いを抱えています。

　それに対して、異年齢の交流は年上の人数が多い分、かまってもらいやすくなるのです。

　年上の子どもたちのほうも、「自分ががんばれば、人の役に立てる」「自分も人を護ったりできるんだ」という自己肯定感・共同体感覚を味わうことができます。「役に立つ・護る・養う」、この動きが自己肯定感を育んでくれるのです。

子育てで親の自己肯定感も育まれる

　おかあさん自身も、子どもを産み育てたことで、自己肯定感が高まったという人が多いのではないでしょうか。

　ひとりで生きているときは自信がなさそうだった女性でも、子育てするうちに急に強くなったりします。「自分よりも弱いものを護る」という体験は、自己肯定感を高めるのにつながるのです。

　異年齢の交流は積極的に図るといいでしょう。ただし、いじめられてしまう場合は別。気持ちのいい関係が築けるときだけ続けていくのがおすすめです。

こころの天気日記

おかあさん・おとうさんといっしょに、
きもちをかんさつしてみましょう。
きょうは、どんなきもちでしたか？
おてんきのマークをかいてみましょう。

いろいろなきもち

はれ　　　　くもり　　　　あめ　　　　あらし

いろんなきもちがあっていいんです。
ねるまえに1にちをおもいだしてかいてみましょう。

※コピーして繰り返し使えます。

1にち
2にち
3にち
4にち
5にち
6にち
7にち

8にち
9にち
10にち
11にち
12にち
13にち
14にち

15にち
16にち
17にち
18にち
19にち
20にち
21にち

22にち
23にち
24にち
25にち
26にち
27にち
28にち

29にち
30にち
31にち

気持ちリフレーミング日記

うれしかったこと、うまくいかなかったこと、
くよくよしていることなど、なんでも書きましょう。
落ち込んだりダメだなぁと感じたりしたところも、
見方を変えれば「いいところ」になります。

00/00
（　　）

［例］娘が、買ったばかりのノートにお茶をこぼした。
「さっさと宿題をしないからそういうことになる
んじゃない！」と怒鳴ってしまった。

Change

あのときはイライラしていて娘に当たってしま
った。明日、ちゃんと娘に謝ろう。

　　／
（　　）

Change

　　／
（　　）

Change

_____

／
(　　) ｜

Change ⟨ -

_____

／
(　　) ｜

Change ⟨ -

_____

／
(　　) ｜

Change ⟨ -

_____

／
(　　) ｜

Change ⟨ -

_____

おわりに

　子どもが大人になったとき、「自分の人生は基本的にOKだ」「自分はハッピーになれる！」と思う力をつけること、これこそが子育ての最大の目的です。

　子育ては長丁場です。ときにはやってしまった！ということもあるかもしれません。しかし、基本さえおさえていればたいていのことは取り返しがつきます。まずは子どもに「あなたのことが大切だ」というメッセージを送り続けること、これにつきます。

　子どもの自己肯定感を下げる「ダメ扱い」はやめましょう。子育てにおいては「何をするか」より、「してはいけないことをしない」ことが大切です。

　そのためにはパパ・ママ自身がハッピーでいることが大切です。パパ・ママがしあわせそうであれば、子どもも「自分もしあわせになっていいんだ」と思えるようになります。

　子育てがつらいと感じてもかまいません。それも大切なパパ・ママ自身の気持ちです。不安なときは、気軽にプロの力を借りてみましょう。

　パパ・ママも子どももみなが「自分は大丈夫」と思える子育て。これが子育ての基本なのです。

子育てに悩んだら…頼れる機関

地域子育て支援センター

各自治体で、さまざまな取り組みを行っています。
保健師や保育士などの資格を持った相談員がいます。

全国都道府県の助産師会

子育てだけでなく、妊娠・出産に関する悩みや女性
の健康問題についても相談することができます。

https://www.midwife.or.jp/general/supportcenter.html

社会福祉法人日本保育協会 家庭児童相談所

電話で育児相談をすることができます。保健師や、
保育園長の経験があるなどの専門家が電話で相談に
乗ってくれます。妊婦・乳幼児の子育てが対象です。

https://www.nippo.or.jp/soudan/

NPO法人子育てひろば全国連絡協議会

各地にある子育てひろばです。

https://kosodatehiroba.com/07kakuchinohiroba.html

公益財団法人武蔵野市子ども協会

「親と子のひろば、0123」で親同士の交流やスタッフへの相談ができ
ます。本書の諸富先生も年1回、講演を行っています。

http://mu-kodomo.kids.coocan.jp/0123/

NPO法人ファザーリング・ジャパン

これから父親になるパパのための「プレパパスクール」や、笑顔あふ
れる家庭づくりを支援する「パートナーシップ・プロジェクト」など
の活動をしています。

https://fathering.jp/index.html

監修 諸富祥彦（もろとみ　よしひこ）

明治大学文学部教授。教育学博士。1986年筑波大学人間学類、1992年同大学院博士課程修了。千葉大学教育学部講師、助教授を経て、現職。40年近いカウンセラー経験を持つ。臨床心理士、公認心理師、上級教育カウンセラー。著書は『男の子の育て方』『女の子の育て方』『ひとりっ子の育て方』(WAVE出版)、『0歳から大人になるまで親がすべきこと 子育ての教科書』(幻冬舎)、『「子どもにどう言えばいいか」わからない時に読む本』(青春出版社)、『いい教師の条件』(SB新書) など多数。テレビ、ラジオ出演、講演、研修、ワークショップと精力的に活動している。
https://morotomi.net/

イラスト　モチコ

娘（2014. 3生まれ）と息子（2017. 2生まれ）に毎日ツッコみながら暮らす関西在住のイラストレーター・漫画家。育児漫画をSNSで公開。
ブログ「かぞくばか〜子育て4コマ絵日記〜」
インスタグラム@mochicodiary
https://www.mochicodiary.com

■STAFF

デザイン・DTP　細山田光宣＋奥山志乃（細山田デザイン事務所）
編集　　　　　　株式会社エディポック
執筆　　　　　　星野友絵（株式会社サイラス・コンサルティング）
校正　　　　　　株式会社ぷれす

イラストでわかる 自己肯定感をのばす育て方

監修者　　　諸富祥彦
発行者　　　池田士文
印刷所　　　図書印刷株式会社
製本所　　　図書印刷株式会社
発行所　　　株式会社池田書店

〒162-0851
東京都新宿区弁天町43番地
電話03-3267-6821(代)／振替00120-9-60072

22012502